GUTE MENSCHEN VERLIEREN NIE

Der Sieg beginnt im Kopf

kianimus

GUTE MENSCHEN VERLIEREN NIE

Der Sieg beginnt im Kopf

1. Auflage: Oktober 2022

Lektorat: Ferhat Macar

ISBN: 978-3-910545-01-4

www.kianimus.de

In dem vorliegenden Buch verwende ich sowohl das generische Maskulinum als auch die feminine Version. Gemeint sind stets beide Geschlechter, außer ich weise explizit darauf hin, dass die Aussage nur auf ein Geschlecht zutrifft.

Für Mama.

Für all deine Aufopferungen.

Entdecke Kurse & mehr von Kianimus

Inhaltsverzeichnis

GUTE MENSCHEN VERLIEREN NIE

Vorwort

Vorwort

> *Menschen brauchen Träume, um Werke zu schaffen, die vorher nie da waren.*
> -Kianimus (13.09.2013)

Kassel. 21:30 Uhr. Ich sitze diesmal auf etwa 500 m Höhe am Herkules. Die Sonne geht gerade im rötlich-warmen Schimmer sanft gleitend unter. Angenehme, feine Strahlen streicheln wärmend mein Gesicht, bevor sie langsam von mir ablassen. Der weite Horizont vor mir teilt sich in einen blau-weißen Himmel und der darunter liegenden Stadt auf. Ein annähernd perfekt symmetrischer Bergpark umgibt das Schloss Wilhelmshöhe in harmonischen Farben. Die vielen Fenster des Schlosses erscheinen wie dutzende kleine Augen, die über 200 Jahre Geschichte zu erzählen haben. Vor 27 Jahren erblickte auch meine Geschichte das Licht der Welt in dieser Stadt. Doch die Welt um mich herum spielt verrückt: viele Krisen und Kriege, eine leidende Gesellschaft und immer mehr Menschen, die an ihre Grenzen stoßen, weil sie versuchen, gute Menschen zu sein, aber bösen Schicksalen und Menschen

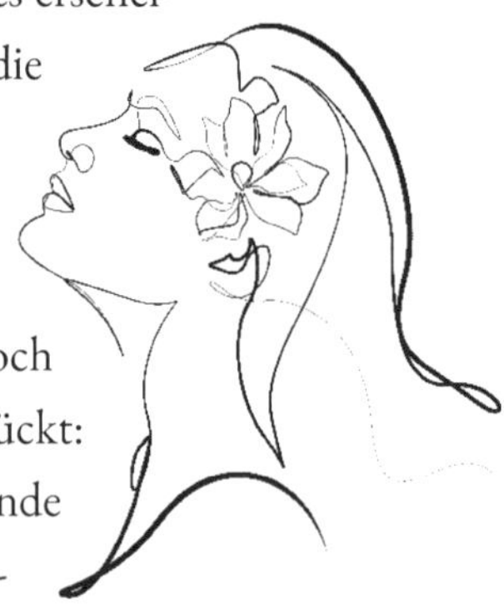

begegnen. In meinem Kopf ist es ruhig. Denn wenn wir uns von negativen Gedanken leiten lassen, hält mich die Ruhe vor der inneren Zerstreuung.

Herzlich willkommen zur Gedankenreise mit mir, die dich noch tiefer in deine eigene Geschichte führen und dein Herz höher schlagen lassen wird. Jede Emotion, die du in dir trägst, darfst du im Laufe dieses Buches - das du in den Händen hältst - ausleben: sei es dein wunderbares Lachen, deine perlenden Tränen oder dein ernstes Inneres. Sei es die Hoffnung, die du in dir trägst, die Verzweiflung, die dich manchmal überkommt oder der Stress, den du viel zu lange mit dir herumgetragen hast. Hier darfst du die Maske abnehmen und du selbst sein: ohne Verurteilung, ohne einengende gesellschaftliche Konstrukte und ohne das „Nein“, das wir zu oft fürchten. Sag heute „Ja“ zu dir selbst! Du bist wunderbar in deiner natürlichsten Form und du darfst „Du“ sein. Finde die Fragen zu den Antworten, die du schon hast. Und die Antworten zu den Fragen, die dir im Kopf herumschwirren: Sei es, warum deine Eltern dein Glück bis zum Erwachsenenalter lenken, warum dein/-e Ex dein Unglück lenkt oder wieso du so bist, wie du bist. Warum du auf deine besondere Art und Weise liebst. Und warum du es richtig machst, wenn du ein guter Mensch bist, wirst und bleibst. Und vieles mehr.

Wir werden lachen, weinen, hoffen, trauern, vermissen und ersehnen. Wir werden gemeinsam eine tiefe Verbindung zwischen dir und deinem Innersten aufbauen, die dich noch viel stärker macht und dir zeigt, dass dein gutes „Ich“ unbesiegbar ist! Weil du mehr bist als das, was man dir als deine persönliche Grenze aufgezeigt hat. Ich möchte, dass du dich selbst verewigst und somit ein Zeichen für deine Selbstliebe, Selbstfindung und Persönlichkeitsentwicklung setzt. Nehme jetzt einen Stift in die Hand und schreibe deinen Namen unter diesen Abschnitt:

Gut gemacht! Ich möchte noch etwas Wichtiges hinzufügen, das mir sehr am Herzen liegt: Wir leben in einem Zeitalter des Bewusstwerdens. Das Zeitalter des Bewusstseins ist noch nicht erreicht. Trotzdem beschäftigen sich heute viel mehr Menschen mit der Persönlichkeitsentwicklung, Selbstfindung, Psychologie und vielen weiteren interessanten Themen, die von ihnen, ihrer Seele bzw. ihrem Geist und ihrer charakterlichen Entwicklung handeln. Dazu gibt es zahlreiche Bücher und Ratgeber. Einige Dutzende von ihnen habe ich gelesen und sie waren sehr informativ, hilfreich und lehrreich. Aber eines geht in vielen Büchern oft verloren: Die guten Gedanken eines guten Menschen. Diesmal konzentriere ich mich mehr auf dich und möchte dir somit einen einfachen Einstieg in diese Themen ermöglichen. Ich verzichte auf hochkomplexe, wissenschaftliche Texte oder Techniken, die dich zum Rande der Verzweiflung treiben und das Buch so trocken wirken lassen, dass du es lieber wieder weglegen möchtest. Das Buch soll dich fesseln, informativ sein und dabei trotzdem lebendig bleiben. Vorab möchte ich erwähnen, dass das Buch keine Doktorarbeit darstellt. Alle Informationen und Kenntnisse, die ich vermitteln möchte, basieren auf Lebenserfahrung. Das ist kein Ratgeber - sondern ein Begleiter! Ein Begleiter, der keine Richtung vorgibt, sondern Impulse setzt. Impulse, die dir bei deinen Entscheidungen oder in gewissen Lebenssituationen und Gefühlslagen helfen – auf Augenhöhe. Hier bleiben wir Mensch! Hier bleiben wir per Du. Und hier laden wir uns mit Liebe auf. Genauso darf dieses Buch auch deine Liebsten, Freunde, Bekannten, Nachbarn oder Arbeitskollegen begleiten – sodass du mit Menschen umgeben bist, die ebenfalls gute Gedanken haben. Es motiviert und bezeichnet den Empfänger als guten Menschen - so überleg dir, wem du damit eine Freude machen magst." Es wird viele Feiertage und Momente geben, in denen du es einem „guten Menschen“ überreichen kannst, der vielleicht eine schwere Zeit durchmacht. Nutze diese Gelegenheit, um deinem Gegenüber zu sagen und zu zeigen: Ich sehe dich als guten Menschen! Gib die Hoffnung nicht auf! Lass uns losreisen und uns besser kennenlernen. Ich freue mich, dass du hier bist!

Und merke dir: Gute Menschen verlieren nie..

PS: Wenn dir etwas an meinem Buch auffällt, es dir sehr gefällt, dir nicht gefällt oder du mir einfach Kritik, Feedback oder eine kleine Botschaft zukommen lassen möchtest, kannst du das gerne tun. Ich habe eine E-Mail-Adresse für dich eingerichtet, über die du dich jederzeit an mich wenden kannst.

Diese lautet: feedback@kianimus.de

BEGINNE HEUTE – GEWINNE MORGEN

Wie schaffen wir es, unser Leben zu verändern?

Wie schaffen wir es, unser Leben zu verändern?

> *Wenn ich nicht begonnen hätte, wärst du nicht hier und wir würden beide verlieren..*

Alles beginnt mit einem Gefühl. Das habe ich bereits in meinem letzten Buch „Gute Gedanken: Eine Reise zum Nachdenken“ erwähnt. Und auch jetzt ist das Gefühl ein Komplex aus mehreren Emotionen: Ich bin froh darüber, dass du hier bist und mein Werk voller Liebe in den Händen hältst. Ich bin traurig darüber, dass es noch so viele Menschen gibt, die genau diese heilende Gedankenreise noch nicht angetreten sind. Darüber hinaus bin ich nachdenklich, weil ich dir viel Liebe und Wissen vermitteln möchte, das dir immens helfen und dich weiterbringen wird.

Du bist wunderbar!

Als ich zum ersten Mal den Stift zum Schreiben in die Hand nahm, war ich sehr traurig, verzweifelt und ratlos. Ich wollte mir die Trauer, Verzweiflung und Ratlosigkeit einfach von der Seele schreiben. Heute, mehr als 10 Jahre später, bin ich mir sicher, dass es für uns beide eine bereichernde Bedeutung hatte, dass ich damals angefangen habe und du nun hier bist. Wenn ich nicht begonnen hätte, wärst du nicht hier und wir würden beide verlieren – sei es an Wissen, Emotion oder dem Mehrwert, den dieses Buch bietet.

Nach meinem ersten Fernsehauftritt im Mai 2022 in Hamburg, in dem ich mein erstes Buch „Gute Gedanken: Eine Reise zum Nachdenken“ vorstellen durfte, hatte ich den Eindruck, einen weiteren großen Schritt gemacht zu haben. Auf meiner eigenen Reise von über 10 Jahren fühlte ich mich wieder stärker, meinen Leser/-innen näher und ein wenig befreiter.. Denn ich konnte noch mehr Menschen erreichen und bin meinem Ziel näher gekommen, möglichst viele Menschen mit meinen Ideen und Gedankenansätzen zu erreichen.

Es ist wie ein Rezept: Zunächst ist es nur ein Gedanke, den man in sich trägt. Dann wird es zu einer Idee geformt und mit dem Gefühl vermischt. Wenn dir die Grundmasse noch nicht ganz schmeckt, kann dir mehr Gefühl und Begeisterung helfen. Je mehr Form es annimmt, desto glücklicher wirst du. Mit diesem Anfang ist schon die Hälfte getan. Jetzt ist es Zeit, diese Grundmasse auszubacken: Zuerst gibst du dem Ganzen Zeit zum Ausruhen. Dann gibst du dem Ganzen Zeit zum Aufbacken und freust dich immer mehr darauf, bis du es in deinen Händen hältst und es genießen darfst. Und wer weiß: Wenn es richtig, richtig gut wird, wirst du dein Leben lang davon erzählen. Und immer wieder davon speisen. Andere werden dich danach fragen und du wirst ihnen das Rezept lehren. Und immer mehr Menschen profitieren von deinem Gedanken. Stell dir vor, du hättest diesen Gedanken nie zu einer Idee geformt..

Was sagt uns das? Wenn du gute Gedanken hast, darfst du nicht zögern, sie auszusprechen, auszuleben und mit anderen zu teilen. Hab keine Angst davor, was die Leute sagen, über dich denken oder dich sogar beschuldigen. Das macht so viel aus.

Ich finde, dass jeder Mensch eine „Gabe“ hat, die er finden und (aus)leben darf. Viele würden sagen: Finde deine Lebensaufgabe. Jedoch nutze ich das Wort „Aufgabe“ nicht so gern. Es liegt vielleicht daran, dass ich in der Schule nie meine Hausaufgaben gemacht habe und als Strafe Pausenverbot bekam. Lach! Spaß beiseite: Das Wort Aufgabe beinhaltet zwar das Wort „Gabe“, jedoch ist es sehr verbunden mit dem Wort „aufgeben“. Der/die Lehrer/-in möchte verschiedene Hausarbeiten aufgeben. Und die Schüler/-innen geben auf, weil sie keine Lust haben. Doch was ist, wenn der/die Lehrer/-in sagt: Finde deine Gabe! Wähle dir dann anhand deiner Gabe aus, an welchen Themen du Spaß haben wirst. Aufgabe ist mit Arbeit verbunden. Wer seiner Leidenschaft und „Gabe“ jedoch nachgeht, wird nicht arbeiten – er wird leben, aufblühen und es nicht als Anstrengung, Arbeit oder Aufgabe empfinden, sondern als Berufung und Begabung. Und das führt wiederum zu wunderbaren und guten Gedanken..

Welche guten Gedanken hattest du dieses Jahr schon? Welche Ideen gingen dir durch den Kopf? Welche Träume hast du noch nicht umgesetzt? Ich bin gespannt, was dir jetzt gerade durch den Kopf geht.. Und dabei bin ich mir auch ganz sicher, dass dir so einiges einfällt. Stimmts?

Schreibe nun 3 Gedanken/Träume auf, die du dieses Jahr schon hattest. Auf diese wirst du im Laufe des Buches noch öfter zurückgreifen und mit ihnen lernen.

DUNKELHEIT & LICHT

Gibt es das richtige Verhältnis?

Gibt es das richtige Verhältnis?

> *Jedenfalls ist zu viel Licht im Kern dasselbe Problem wie Dunkelheit: Es nimmt einem die Kontrolle und die Fähigkeit, detailliert zu sehen.*

Hier geht es mir nicht um die perfekte Raumbeleuchtung. Mir geht es um etwas ganz Anderes, das ich als kleines Kind schon lernen durfte und dir unbedingt auf dieser Reise mit auf den Weg geben möchte. Erinnerst du dich an die erste Situation, als du im Kindesalter Angst vor der Dunkelheit hattest? Viele haben diese Erinnerung, wenn sie einige Sekunden in sich kehren, klar vor Augen. Bei den meisten entstand die erste Angst im Kinderbett, als die Mutter oder der Vater das Licht ausschaltete und aus dem Zimmer ging. Man sah in der Dunkelheit kaum bis gar nichts mehr. Alles war still. Oder doch nicht? Waren da nicht etwa Geräusche? Und warum warf der schöne Mond plötzlich gruselige Schatten an die Wand? Das Herz klopfte bis zum Hals, der Mund wurde trocken und einem wurde ganz warm. Bis man: „Maaamaaaa!“, aus voller Lunge losschrie und Mama hereingerannt kam. Es sei ein Monster unter dem Bett. Oder im Schrank. Oder am Fenster.

Auch heute noch spürt man ein Unbehagen, wenn man nachts im Dunkeln allein durch eine menschenleere Straße läuft. Oder am Parkplatz zum Auto. Oder noch schlimmer: bei Nacht in der Tiefgarage zum Auto.

Und an alle Frauen: Ihr seid nicht allein mit eurer Angst. Auch ich als Mann kontrolliere dann dreimal, ob jemand hinter mir ist. Ich drücke auch sofort auf die Zentralverriegelung des Autos, wenn ich darin sitze. Wobei das auch etwas mit meiner eigenen Vergangenheit im sozialen Brennpunkt zu tun hat. Dazu wirst du mehr im Kapitel: „Das Gute ist ewiges Werden", erfahren.

So wissen wir schon von klein auf: Ist es zu dunkel, bekommen wir Angst. Warum? Wir verlieren die Macht über unsere Sinne. Vor allem über den Sehsinn. Ab dem Moment, ab dem unser Sehsinn nicht mehr arbeiten kann, weil es sehr dunkel ist, geraten unsere anderen Sinne auch langsam außer Kontrolle. Wir meinen, Dinge zu hören, die nicht da sind. Wir meinen, etwas zu spüren, was nicht da ist. Unser Gehirn braucht Informationen und Reize. Und wenn es diese nicht bekommt, illusioniert es sie sich selbst. Genau das macht uns verdammt viel Angst! Orientierungslosigkeit aufgrund von Dunkelheit weckt eine instinktive Urangst im Menschen. Was, wenn uns jemand angreift? Wie sollen wir uns wehren? Wie sollen wir fliehen? Aus diesen Gedanken heraus entsteht Panik. Und dann verlieren wir langsam, aber sicher auch noch die

Kontrolle über unseren Puls, unsere Atmung und unsere Gliedmaßen.

Und wenn es zu hell ist? Hast du schon mal direkt in die Sonne geschaut? Was passiert, wenn du das machst? Du wirst um dich herum nichts mehr sehen. Schau du mir bitte aber trotzdem nicht direkt in die Sonne. Kann die Augen beschädigen und so. Du weißt es doch ohnehin: Es kann der Netzhaut schaden und bis zur Erblindung führen. So, wie wir uns in diesem Buch langsam kennengelernt haben, weißt du nun, dass ich auf etwas Bestimmtes hinaus will: Und zwar, dass zu viel Licht im Kern ebenfalls ein Problem darstellt, wie die Dunkelheit. Jedenfalls ist zu viel Licht im Kern dasselbe Problem wie Dunkelheit.

Und jetzt kommt der eigentliche Punkt: Bedeutet Sinnübertragung für uns, dass wenn wir „Dunkelheit" mit „schweren Zeiten" und „Licht" mit „guten Zeiten" gleichsetzen, wir eine Anwendbarkeit für unser Leben bekommen? Zu viele schwere Zeiten lassen uns blind für alles andere werden und machen uns kontroll- bzw. orientierungslos. Sie wecken unseren Urinstinkt, der panisch reagiert und lassen uns wild um uns herum schlagen. Sodass uns egal wird, wen wir treffen - weil wir in dieser Dunkelheit des Lebens und der blinden Wut und Panik ohnehin niemanden mehr sehen. Das ist immer wieder bei Menschen zu beobachten, die eine schwere Zeit durchmachen: Sie stoßen ihre Liebsten von sich ab, benehmen sich oft völlig anders und paradox und gehen noch mehr ein. Sie gehen ein, wie eine Blume, welche gegossen wird, doch die Flüssigkeit ablehnt. Wie eine Blume, die Sonnenlicht bekommt, sich jedoch davon abwendet.

Wie schaffen wir es, unsere Urangst in solchen Zeiten zu überwinden? Der Nachteil, wenn man sich in solchen Zeiten auf seine Urangst verlässt, liegt auf der Hand: Man verliert die Kontrolle über sich selbst, sein Leben und den Bezug zu seinem Umfeld. Und jetzt Hand aufs Herz: Wer möchte das schon? Wir möchten doch gerade in schweren Zeiten noch mehr Zusammenhalt, noch mehr Selbstkontrolle und noch mehr Liebe spüren. Weil wir das in diesen Momenten am meisten brauchen!

Ich wende seit Jahren bewusst und unbewusst vier Techniken und Strategien an, die mir immer helfen, mit schwierigen Situationen umzugehen. Meine Freunde sagen oft zu mir: „Egal, wie schlimm die Situation ist, du bist immer motiviert und lässt dich nicht unterkriegen. Das ist doch verrückt.“ Und ich antworte: „Das ist wirklich verrückt. Aber ich glaube, genau das braucht man manchmal in dieser bereits verrückten Welt, um nicht komplett verrückt zu werden!“ In schwierigen Phasen einer Person hilft es manchmal, ihm mit einer kleinen aufmerksamen Geste, wie der Lieblingsschokolade, zu entgegnen. Schokolade kann generell viele Probleme lösen! Aber das ist gewiss ein anderes Thema. Beginnen wir mit den vier

Techniken. Ich liste sie dir zuerst auf und gehe danach näher auf sie ein:

1. Atme durch!
2. Räume deinen Kopf auf!
3. Wechsle die Perspektive!
4. Nimm Abstand!

Jede schwierige Situation beginnt sehr belastend und raubt einem den Atem. Deshalb ist ein tiefes Durchatmen (siehe Kapitel 5: Atme ein & leb dich aus) enorm wichtig - auch, wenn es dir aktuell absurd erscheint. Atme durch und du bekommst die Möglichkeit, die zweite Technik anzuwenden: Räume deinen Kopf auf! Nachdem du durchgeatmet hast, pustest du langsam den Problem-Nebel aus deinem Kopf weg, der dir die klare Sicht verdeckt hat. Beginne nun, die Zeit zu nutzen und deine Gedanken zu ordnen. Stelle dir zielgerichtete Fragen:

- Was ist das wahre Problem?
- Welche Ressourcen kannst du verwenden, um es zu lösen?
- Musst du es überhaupt lösen?
- Musst du es jetzt lösen?
- Hat es noch Zeit? Wenn ja, wie viel?
- Wer kann dir helfen?

Trage nun deine Antworten ein:

Wenn du dir die Fragen beantwortet hast, kennst du deinen aktuellen Standpunkt und deine Handlungsmöglichkeiten. Sowie die jeweiligen Konsequenzen, die aus deinen Handlungen entstehen könnten. Jetzt ist es an der Zeit, zum dritten Schritt überzugehen und die Perspektive zu wechseln (siehe Kapitel 8: Ist es eine 6 oder 9?).

Betrachte die Gesamtsituation detaillierter aus anderen Augen und verschiedenen Blickwinkeln. Beispielsweise: Versuche dich in andere Personen hineinzuversetzen, wenn diese in eine Situation involviert sind. Wie sehen sie das? Was könnten sie dazu beitragen? Warum sind sie überhaupt Teil dieser Situation? Das erfordert wiederholte Übung. Manche Menschen sind emphatisch, andere wiederum nicht. Mit etwas Training funktioniert das jedoch immer besser.

> *Nonverbale Signale kann der Mensch schon seit Jahrtausenden lesen. Dabei geht es um die Mimik (die Sprache des Gesichts, Bewegungen, Veränderungen als Reaktion auf Empfindungen) und die Körpersprache.*

Übung: Erzähl einem Freund, einer Arbeitskollegin oder einer Person, mit der du dich gut verstehst, von einem aktuellen Umstand in der Gesellschaft. Zum Beispiel: gestiegene Benzin- und Dieselpreise. Dein Gegenüber sollte sich vorstellen, was er fühlen würde, wenn er davon hören, die Preise sehen und selbst an der Tanksäule stehen würde. Er soll jedoch nichts von seinen Gefühlen preisgeben. Nun versuchst du, seine Gefühle zu empfinden. Schau dir dein Gegenüber zunächst ruhig an, schließe dann die Augen und versuche es zu spüren. Spreche anschließend aus, was du spürst, und frage die Person, ob du korrekt liegst und richtig gespürt hast. Um Abänderungen zu vermeiden, kannst du auch auf einen Zettel schreiben, was du gespürt hast und diesen zusammenfalten. Dann darf die Person erzählen, was sie bei dem Thema gefühlt hat. Und erst nach der Erzählung wird der Zettel geöffnet und ihr gleicht ab, ob du richtig lagst.

Das klingt zunächst verrückt – ist für mich jedoch keine Magie: Nonverbale Signale kann der Mensch schon seit Jahrtausenden lesen. Dabei geht es um die Mimik (die Sprache des Gesichts, Bewegungen, Veränderungen als Reaktion auf Empfindungen) und die Körpersprache. Unbewusst nehmen wir solche Signale wahr und unser Gehirn verarbeitet sie automatisiert. Und trotzdem können wir dies auch trainieren, indem wir aktiv auf solche Zeichen achten. Wenn uns etwas emotional sehr berührt oder trifft, reagiert der gesamte Körper darauf. Achte mal darauf, wie Menschen reagieren, bevor sie reagieren, wenn sie etwas Unglaubliches erfahren, sehen oder hören. Sprich, bevor sie eine verbale oder körperlich stark sichtbare Reaktion zeigen. Unter anderem weiten sich die Pupillen aus, wenn man jemanden als schön oder interessant empfindet. Aber auch bei Angst vor einer bevorstehenden Situation. Manche zucken unauffällig zusammen, wenn sie gelogen haben und dabei erwischt wurden. Manche bekommen zitternde Hände, die sie dann unruhig ineinander verschränken, weil sie negative Konsequenzen fürchten und sich diese innerlich ausmalen. Das limbische System - ein uralter Teil des Gehirns, das auch für Emotionen, Gedächtnis und Triebverhalten zuständig ist - wird aktiviert. Es wird bspw. Adrenalin (ein Stresshormon) ausgeschüttet: Die Atemwege erweitern sich, die Herzfrequenz fährt hoch, der Blutdruck ebenfalls, der Muskeltonus steigt! Du zitterst.

Aber auch positive Gefühle können dieses Zittern auslösen. Frauen, die gewollt einen positiven Schwangerschaftstest hatten - kennen das wohl am besten.

Das Beobachten von Menschen wird dir viel Erkenntnis bringen. Je besser du dich und die Menschen um dich herum erkennst und analysieren kannst, umso besser kannst du dein Verhältnis aus „Licht“ und „Dunkelheit“ kontrollieren. Natürlich wirst du nicht 100 % Kontrolle über alles haben. Jedoch baust du dadurch einen besseren Bezug zu deinem Bewusstsein auf. Es gibt einen Denkansatz, der dich zum Abschluss dieses Kapitels auf inhaltlich wertvolle Gedanken bringen wird:

Wenn du in schweren Zeiten (Dunkelheit) lebst, wirst du die guten Zeiten (Licht) schätzen. Doch, wenn du zu viel Dunkelheit erlebst, wirst du eine gewisse Zeit brauchen, bis sich deine Augen (dein Ich) an das wiederkehrende Licht gewöhnen können. Lass dir deshalb etwas Zeit und Ruhe, bis du dich wieder Schritt für Schritt an das Licht herantasten kannst. Denn: Wann hast du das letzte Mal den Übergang von schweren zu guten Zeiten erlebt? Wie bist du damit umgegangen? Und wie wirst du in Zukunft damit umgehen? Das allgemein richtige Verhältnis gibt es nicht. Es gibt nur DEIN richtiges Verhältnis. Wie stellst du dir dieses vor?

Zeichne es im nachfolgenden runden Mond ein. Male einen Teil intuitiv mit einem Bleistift aus. Es ist dir überlassen, ob es ein kleiner Teil oder 50 % des Mondes ist. Oder nur ein Viertel. Ob du drei Streifen für die Dunkelheit zeichnest und drei Streifen für das Licht freilässt.

EXISTIEREN BÖSE MENSCHEN WIRKLICH?

Gibt es das richtige Verhältnis?

Oder sind sie eine Fantasie der Guten?

> *Wie oft merken wir erst im Nachhinein, wie blöd wir uns verhalten haben und bereuen es? Und wie oft kommt es vor, dass wir uns danach aufrichtig entschuldigen? Obwohl wir uns Mühe geben, gute Menschen zu sein und zu werden.*

Manchmal frage ich meine Freunde oder Fans, was sie als das „Böse" empfinden. Oft kommt die Antwort: „Mein Ex", bzw. „Meine Ex." Da muss ich schmunzeln, selbst wenn ich die Geschichten dazu höre. Denn, wie böse war die Person wirklich? Und wie viel davon ist eher die Projektion subjektiver Gefühle auf das Ex-Bild als eine objektive Betrachtung? Oder denkst du, all das Unglück, das nach dem Beziehungsende über dich hereinbrach, wurde durch den Ex verursacht? Okay, in der Hinsicht denkst du nicht ganz falsch. Nicht alles an Unglück, aber ein kleiner Teil basiert wirklich auf der Beziehung - mit einem enormen Crash am Ende. So ein „Crash" (ach, diese Anglizismen immer..) verursacht bei Autos bspw. enorme Schäden. Und so auch auf deiner Seele, deinem Geist und deinem inneren Kind, das Seele und Geist verbindet.

Doch existieren sie wirklich? Diese bösen Menschen. Wenn wir an abgrundtief böse Menschen denken, fallen uns bekannte Serienkiller oder Psychopathen ein. Durch ihre extrem absurden Handlungen haben manche von ihnen den Status einer Berühmtheit erlangt. Wenn wir uns ihre Verbrechen an sich selbst oder an die Menschheit ansehen, urteilen wir bei gesundem Menschenverstand ganz klar: Das ist abscheulich! Bei näherer Betrachtung des Sachverhalts wird es für uns immer absurder, da wir nicht nachvollziehen können, warum ein Mensch so etwas macht. Bei manchen von uns weckt es jedoch so etwas wie Interesse oder einen bisher unentdeckten Ehrgeiz, genau dieses Verhalten zu analysieren. Sie möchten auf genau diese Frage eine Antwort haben! Zwar gibt es oft eine psychologische Antwort darauf, jedoch keine, die mit der Vernunft vereinbar wäre. Und deshalb möchte ich nicht auf die Lösung dieses Problems eingehen. Das ist ein Thema für sich. Ich möchte viel mehr auf das Interesse eingehen, das mit solchen Geschehnissen einhergeht: Das Interesse an dem „Bösen“ - von dem wir meinen, es sei uns so nah wie unser/e Ex und durch solche berühmten Psychopathen dann doch so fern, dass es schon fast mystisch wirkt..

Wann hast du dir zuletzt so einen Fall angeschaut?
Wann hast du etwas darüber gelesen, gehört oder mitbekommen?

Wie hast du dich daraufhin gefühlt?
Was war dein Urteil dazu?
Hast du dem Täter ebenfalls Böses gewünscht?
Etwa dieselben Schmerzen, lebenslange Haft oder die Todesstrafe?
Hast du dich gefragt, warum jemand so etwas macht? Haben dich die Tatursachen interessiert?
Oder war es dir egal, weil es wieder nur ein Verrückter war?

Viele Fragen, die du dir gerne klar und deutlich beantworten darfst. Erinnere dich an den letzten Fall, den du mitbekommen hast. Dabei überlasse ich dir, was genau und wie schwerwiegend der Vorfall ist. Durch die Medien bekommt (fast) jeder von uns mit, wenn etwas in der Hinsicht geschieht.

Es gibt mittlerweile - und dafür bin ich dankbar - viele Ansätze zur Selbstreflexion. Warum ist es so wichtig, sich selbst zu reflektieren und warum erwähne ich dies immer wieder in diesem Buch? Weil es dich im Zusammenhang mit anderen Menschen immer weiterbringt, wenn du dich selbst hinterfragst, dich analysierst und über dein eigenes „Ich" nachdenkst. Dabei helfen Fragen wie:

Was habe ich richtig gemacht?
Wie emotional habe ich gehandelt?
Wie rational habe ich gehandelt?

Was war mein Impuls?
Welche Trigger haben mich angetrieben?
Was habe ich falsch gemacht?
Was kann ich beim nächsten Mal besser machen?

Je mehr und je öfter du dich analysierst, desto schneller wächst du. Merke: Je weniger du dich selbst hinterfragst, desto langsamer wächst du. Warum? Weil du dadurch aufhörst zu werden, denn du akzeptierst dein Sein - mit allen Macken und Schwächen, die du hast. Mehr dazu erkläre ich im Kapitel: „Das Gute ist ewiges Werden". Du bist nämlich dein eigenes Haus, das du baust. Hinterfragst du dich regelmäßig, baust du fehlerhafte „Steine" aus deinem Haus heraus und baust fehlerfreie Steine ein. Und genau diese Analyse, die du dadurch immer wieder übst, kannst du bei und mit deinem Gegenüber anwenden. So erkennst du, ob er/sie wirklich „böse" ist oder nur eine Projektion deiner eigenen Trigger (Reiz, der Erinnerungen, psychische Schmerzen bzw. Traumata auslöst) und Schwächen.

Wie oft merken wir erst im Nachhinein, wie blöd wir uns verhalten haben und bereuen es? Und wie oft kommt es vor, dass wir uns danach aufrichtig entschuldigen? Obwohl wir uns Mühe geben, gute Menschen zu sein und zu werden. Damit möchte ich nicht sagen, dass es immer an dir liegt. Nein! Aber du kannst durch die bisherigen Tipps und Fragen dafür sorgen, dass es in Zukunft viel seltener an dir liegt. Und damit kommen wir zur Antwort auf das Böse: Je genauer du ausschließen kannst, dass du die Ursache einer bösen komplexen Situation warst, desto leichter ist es auch für dich, dich davon zu distanzieren. Somit erreichst du ein explizit höheres Level an Gut-Sein, um gut und besser zu werden..

Oft fragen mich Menschen, wie sie das „Böse“ in Menschen erkennen können und ich antworte: „Gar nicht!“ Denn der Mensch an sich ist im Normalfall gar nicht böse. Sondern sozial. Und ein soziales Lebewesen vermeidet böse Taten, um das Sozialleben nicht zu gefährden. Trotzdem kommt es immer wieder vor, dass genau jenes soziale Lebewesen auch böse Taten vollbringt. Und diese bösen Taten sind zu beurteilen. Bei manchen kommen sie häufiger vor, bei anderen weniger. Und wenn sie vorkommen, hast du ab jetzt die Möglichkeit, dich selbst zu reflektieren, deinen Standpunkt klarzumachen und dann zu entscheiden: Verlasse ich diese Person, biete ihr meine Hilfe an oder verurteile ich sie innerlich und verbal.

Denn am Ende des Tages können wir uns zu der Frage: „Gibt es böse Menschen wirklich?“, vier Tatsachen merken:

1. Extremfälle bilden nicht die Grundlage der Menschheit in Bezug auf das „Böse“.

2. Selbstreflexion hilft uns, nicht selbst böse zu werden.
3. Böse Taten können auch guten Menschen passieren.
4. Der Mensch an sich ist NICHT böse, sondern sozial.

Blicke nun in Gedanken auf das vergangene Jahr zurück und schreibe auf, welche Geschehnisse extrem für dich waren und in welchen Situationen du „böse“ gehandelt hast, obwohl du eigentlich nicht böse bist. Überleg dir weiterhin, in welchen Situationen du - trotz einiger böser Taten - gut gehandelt hast. Ich bin mir weitestgehend sicher, dass du von Grund auf gut bist, denn sonst würdest du dieses Kapitel höchstwahrscheinlich nicht bis zum Ende lesen.

DER GUTE MENSCH & DAS BÖSE

Wann etwas „böse" und wann etwas „gut" ist

Wann etwas „böse“ und wann etwas „gut“ ist

> *Warum sollte ich jemanden verurteilen und bewerten, wenn ich ihn doch noch gar nicht richtig kenne? ... Zu reflektieren und sich von seinen instinktiven Vorurteilen zu distanzieren, macht uns zu reiferen, intelligenteren und besseren Menschen.*

Heute bin ich über den Opernplatz an der Alten Oper in Frankfurt am Main vorbeigelaufen. Und entdeckte am großen Gebäude, über dem mit schwarzen Laternen umzäunten, mächtigen Balkon, der Säulen aus gelblichen Kalkstein trägt, den Schriftzug: „DEM WAHREN SCHOENEN GUTEN“. Diese Worte habe ich immer wieder gelesen, da ich in der Nähe von Frankfurt aufgewachsen bin und oft am Opernplatz vorbeikam. Oder schöne Abende mit Freunden verbracht habe, da es dort viele wunderschön eingerichtete Bars mit tollen Cocktails und schöne Cafés mit leckeren, warmen Croissants gibt, die einem das Gefühl geben, man nasche gerade süße, knusprige Luft mit einem Hauch von Butter in Paris.

Zurück zum Thema. Diesen Schriftzug habe ich - trotz all der Begegnungen mit der Alten Oper - erst jetzt realisiert, wo ich dieses Buch schreibe. Auch der Kapitel-Namen war bereits im Voraus festgelegt.

Der Schriftzug ist eine Hommage an Goethe - der wahrscheinlich bekannteste Künstler der Stadt. Nach dem Rapper Haftbefehl. Spaß beiseite. Goethe war ein genialer Denker. Genau wie Sokrates und Platon. Die ebenfalls über das „Gute“ und „Böse“ philosophierten. Sie bezeichneten in ihren jeweiligen Gedankengängen beide Dinge als existent, jedoch nicht physisch, sondern metaphysisch - also nicht materiell greifbar. Diese Ideen sind nun über 2000 Jahre alt. Und doch nicht ganz verwerflich oder fern unserer Denkweise. Im Laufe des Kapitels kommen wir erneut auf diesen Denkansatz zurück.

Schauen wir uns weiter um: Blicken wir zu allen Religionen, sehen wir in ihnen immer wieder den Kampf zwischen „Gut“ und „Böse“. Auch, wenn es „DAS Böse“ in den meisten Religionen nicht explizit gibt, wird es ständig thematisiert. Als „Sünde“ oder als Resultat der falschen Anwendung des freien Willens eines jeden Menschen. Auch die Tierwelt ordnet in „Gut“ und „Böse“ ein. Nur nach einer etwas strikteren und lebenswichtigeren Auffassung als wir es tun: Ist ein Nahrungsmittel nahrhaft und ungefährlich, ist es gut. Ist ein Nahrungsmittel giftig und gar tödlich, ist es schlecht. Oder böse. Sie halten sich sofort fern davon und meiden es bis auf das Äußerste!

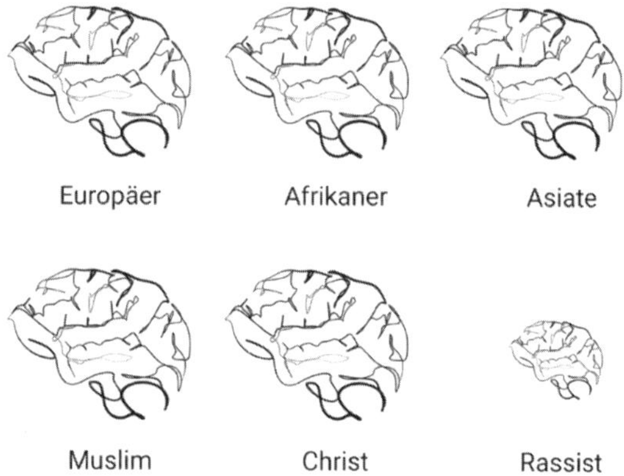

Bezüglich des Denkansatzes von Platon und Sokrates lässt sich Folgendes festhalten: Wenn das Gute und Böse zwar existiert, jedoch für den Menschen nicht mit den Händen greifbar ist - wie bspw. eine Banane oder leckere Schokolade (ich werde dir im Laufe des Buches übrigens bestimmt oft noch Hunger machen) -, muss er es auf einer geistigen Ebene erkennen und abwägen. Warum schreibe ich, dass er es abwägen und nicht bewerten muss? Weil die Bewertung im Gegensatz zur Abwägung dazu führt, dass wir keine Reihe kognitiver Prozesse durchgehen müssen, die uns eine zufriedenstellende präventive Lösung bieten. Wir lassen unseren Instinkt sofort entscheiden. Das bringt uns dazu, dass wir etwas bewertet und somit abgeschlossen haben. Und unsere Intelligenz kann sich ganz simpel von dem „Problem" verabschieden. Dies hat vor tausenden Jahren im Steinzeitalter - ähnlich wie bei den Tieren -

gut funktioniert, als es kaum bis keine sozialen Strukturen sowie moralischen Konstrukte gab und die meisten Begegnungen mit anderen Lebewesen nur eine Entscheidung zwischen Leben und Tod waren. Heute sieht das in unserer sozialisierten Gesellschaft anders aus. Nehmen wir als Beispiel an, dass wir einen großen kräftigen Mann als Arbeitskollegen kennenlernen, der Ganzkörper-tätowiert ist, ernste Blicke hat und einen Vollbart trägt. Seine Kleidung ist komplett schwarz und ihm fehlt ein Zahn. Narben überziehen sein Gesicht und seine Hände. In den meisten Fällen würden wir ihn instinktiv bewerten und mit der Tendenz „böse" abstempeln. Ich jedoch würde die Bewertung stoppen, bevor sie in meinem Kopf innerhalb von 1-3 Sekunden abschließen kann. Stattdessen wäge ich ca. 10-15 Sekunden lang ab: „Was sagt seine Körpersprache? Ist sie aggressiv, fordernd oder ruhig?"; „Was sagt seine Mimik genau? Ist diese wutverzerrt, hart oder sanft? Wie spricht er? Drückt er sich provokant, beleidigend oder respektvoll aus?" All diese nonverbalen und verbalen Signale fließen in meine Abwägung ein. So stufe ich ihn dann (vorwiegend) folgendermaßen ein:

- aggressiv, wütend, provokant;
- fordernd, hart, beleidigend;
- ruhig, sanft, respektvoll.

Auf diese Weise erstelle ich mir pro Person individuell eine Abwägung aus mehreren Komponenten, die eine reflektiertere (Vor-)Meinung bzw. zulässt. Es ist okay, zu vermuten. Doch im Voraus über jemanden zu urteilen ist nicht richtig! Warum sollte ich jemanden vorher verurteilen und bewerten, wenn ich ihn doch noch gar nicht richtig kenne? Schließlich gehe ich auch nicht zur neuen Eisdiele in der Innenstadt, stelle mich vor die Auswahl der Sorten und sage: „Das schmeckt scheiße!“, ohne eine einzige Sorte je probiert zu haben. Das wäre böse, oder? Insbesondere Rassisten haben ständig diese Denkweise. Sie urteilen über Menschen, die sie nie persönlich kennengelernt haben. Das birgt eine riesige Gefahr. Denn so leben wir mit Vorurteilen, distanzieren uns von anderen (fremden) Menschen und lernen so nie die Welt richtig kennen. Denn nur eine „open-minded-Person“, also sinngemäß jemand, der einen freien Geist und eine weltoffene Denkweise besitzt, wird die Welt auch richtig erleben und kennenlernen dürfen. Der Vorurteilende zwängt sich in seinen kleinen Kasten aus Zwängen und kleinkariertem Denken, den er für vermeintlich sicher hält. Es mag sicher sein: Ja. Doch was ist ein Leben wert, wenn man es nicht in freien Zügen, sondern in Denk-Gefängnissen lebt? Diese Frage muss sich jeder selbst beantworten..

> *Wann etwas also „böse“ oder „gut“ ist, ist eine Entscheidung unseres Selbst.*

Zu reflektieren und sich von seinen instinktiven Vorurteilen zu distanzieren, macht uns zu reiferen, intelligenteren und besseren Menschen. Etwas Böses hätte in solchen Köpfen kaum bis gar keinen Platz, weil darin ein Heer aus guten und klugen Gedanken wartet. Ich schreibe bewusst von „besseren Menschen" und „guten Gedanken". Wir haben alle die Möglichkeit, uns mit guten Gedanken zu besseren Menschen zu entwickeln. Wie ich in meinem letzten Buch[1] auch immer wieder erwähnt habe, ist der Vorteil eines guten Menschen, dass er am Ende seines Lebens zufrieden auf seinen Lebensabend zulaufen kann, sich nichts vorwerfen muss und mit sich selbst im Reinen ist. Der Mensch, der absichtlich - laut seiner eigenen und der ihn umgebenden gesellschaftlichen Auffassung nach - viele böse Taten verrichtet hat, wird seine Vergangenheit wahrscheinlich zutiefst bereuen, sobald er alt und müde wird. Das kann den Menschen sehr quälen, denn viele Taten sind nicht mehr umkehrbar. Vor allem nicht, wenn darauf 20, 30 oder sogar 40 Jahre vergangen sind. Also stelle ich dir heute zwei Fragen, die ich auch im Fernsehen in einer Late-Night-Show an jeden einzelnen Zuschauer gestellt habe:

– Was würde das innere Kind heute zu dem Erwachsenen sagen, der du bist?

[1] Gute Gedanken: Eine Reise zum Nachdenken (2021).

– Was würde heute der Erwachsene zu dem Menschen sagen, der du am Ende des Lebens sein möchtest?

Wann etwas also „böse" oder „gut" ist, ist es eine Entscheidung unseres Selbst. Dieser wird primär durch unsere Erziehung, die Gesellschaft, in der wir aufgewachsen sind, und unseren Charakter, der sich im Laufe der Zeit entwickelt, zwischendrin neu formiert und verstärkt, beeinflusst.

Dass wir weltweit einige „Vorkommnisse" haben, die wir fast alle aus dieser Menschheit als „böse" empfinden, ist das Resultat von instinktiv emotionalen Reaktionen, die der Mensch biologisch gesehen empfindet, wenn gewisse Handlungen geschehen: Jeder Mensch verurteilt das Morden als eine böse Tat. Warum? Weil wir wissen, dass es unheimlich schmerzhaft sein kann, jemanden aus seinem Leben zu verlieren. Egal in welcher sozialen Struktur ein Mensch aufwächst: Dieser Schmerz kommt immer dann auf, wenn uns jemand genommen wird, den wir mögen oder lieben! Insbesondere deshalb, weil diese Handlung nicht mehr rückgängig gemacht werden kann.. Mein herzliches Beileid und Mitgefühl gelten an dieser Stelle jedem, der dies erlebt hat. Mögen wir in Zukunft alle davor bewahrt werden.

Du bist der Boss deiner Gefühle, Gedanken und Entscheidungen. Lasse also nicht zu, dass du instinktiv verurteilst, sondern regelmäßig abwägst. Du bist wunderbar. So lasse auch deine Gedanken noch wunderbarer sein. Übe das immer wieder. Stelle dir eine Situation vor, in der du neuen Menschen begegnest, die vielleicht einem gewissen Stereotyp entsprechen.

Unterbreche folgend deine sofortige Bewertung, atme durch und wäge langsam ab: Körpersprache, Mimik, Wortwahl/Ausdrucksweise. Diese Abwägungs-Technik wird dir langfristig helfen, alte eingefahrene Denkmuster abzulegen, mehr Vertrauen, Offenheit, Mut und Selbstbewusstsein gegenüber neuen Menschen, aber auch neuen Situationen zu entwickeln und deinen Horizont stark zu erweitern. Denn wir erinnern uns: Vorurteile machen blöd, reflektierte Abwägungen machen schlau!

Nimm dir bitte nun deine Zeit und lasse das vorliegende Kapitel auf dich wirken. Und zwar nicht nur 20, 30 oder 40 Sekunden. Stell dir einen Timer von drei Minuten und mache in der Zeit nichts, außer dir das Gelesene durch den Kopf gehen zu lassen. Sobald der Timer abgelaufen ist, machst du Folgendes: Lies dir die für dich interessanten Stellen erneut durch. Markiere, was dir wichtig erscheint und übe die neue Abwägungs-Technik. Wenn du damit fertig bist, sehen wir uns gleich im nächsten Kapitel wieder. Bis gleich! Ich freue mich auf dich!

ATME EIN & LEBE DICH AUS

Warum du deiner Atmung mehr Beachtung schenken solltest

Warum du deiner Atmung mehr Beachtung schenken solltest

Jede Art der Meditation bezieht die Atmung nicht nur mit ein, sondern macht sie zur Grundlage dieser.

Vor etwas mehr als zwölf Jahren hatte ich mit Einschlafproblemen zu kämpfen. Ich war gestresst, deprimiert, ständig aggressiv und schlecht gelaunt. Nachts habe ich mich im Bett gewälzt und konnte nicht einschlafen. Ein Artikel über „Atemtechniken" brachte mir damals die Erleuchtung: Ich begann, aktiv und bewusst zu atmen und übte dies jedes Mal im Bett vor dem Schlafengehen. Aus zwei Stunden bis zum Einschlafen wurden irgendwann acht Minuten. Mittlerweile kann ich überall auf der Welt - egal bei welchem Lärm und unter wie viel alltäglichem Leistungsdruck - einschlafen.

Wir atmen ca. zwölfmal in einer einzigen Minute. Am Tag schaffen wir ca. zwischen 18.000 und 20.000 Atemzüge. Und trotzdem gibt es immer noch Menschen, die ihrer Atmung kaum bis gar keine Beachtung schenken.. Erstaunlich, oder? Machen wir es noch erstaunlicher: Wenn wir mit unseren Liebsten streiten, ändert sich unser

Atemverhalten. Wenn wir aufgeregt sind, weil wir vor vielen Leuten sprechen, ändert sich unser Atem. Wenn wir Sex haben, ist unsere Atmung wiederum noch intensiver verändert. Auch kein Sportler der Welt wird Profi, wenn er seine Atmung vernachlässigt. Was sagt uns das?

Lass uns etwas ausprobieren: Wovor hast du große Angst? Manche Menschen fürchten enge Räume, Andere haben Höhenangst und wiederum Andere fürchten sich enorm vor Spinnen.

Nun stell dir vor, wie du mit deiner größten Angst konfrontiert wirst. Bei Menschen mit einer Spinnenphobie kann das bspw. ein Zimmer voller Spinnen sein. Wenn du dir nun vorstellst, dich deiner Angst stellen zu müssen, achte auf deine Atmung. Er verändert sich und wird flacher. Dein Puls steigt und dein Kopf füllt sich mit phobischen Gedanken. Probiere nun Folgendes aus: Mach dich ganz locker, lasse die Arme hängen, entspanne die Beine und die Schultern. Lächle kurz und lasse die Gesichtsmuskulatur dann ganz locker in ihre natürliche Form zurückkehren. Atme circa drei Sekunden tief durch die Nase ein und langsam durch den Mund wieder aus. Bei deinem ersten Atemzug entfernt sich das Objekt deiner Angst von dir und ein klarer schöner Ort kommt langsam zum Vorschein. Das kann ein schöner langer Strand beim Sonnenuntergang sein oder dein Lieblingscafé, das du gerne besuchst. Atme erneut circa drei Sekunden tief ein und langsam wieder aus. Diesmal zerfällt das Objekt deiner Angst in immer mehr kleine Einzelteile. Beim dritten Atemzug auf dieselbe Art und Weise pustest du diese kleinen Einzelteile langsam aus, bis nichts mehr davon übrig bleibt. Achte nun auf deinen Puls, deine Atmung und Gedanken. Dein Puls ist ruhiger, deine Atmung weiterhin tiefer und deine Gedanken klarer.

Dies ist eine Atemtechnik aus meinem Coaching, die ich „3x3 Atemtechnik" nenne. Zusammen mit der Gedankenreise zur innerlich sitzenden Angst hilft sie meinen Kunden, sich Stück für Stück mit jeder einzelnen täglichen Übung ihrer Angst zu stellen und diese zu lösen. Manche berichten davon, dass sie sich dabei sehr selbstbewusst fühlen und mit der Zeit ein starkes Selbstbewusstsein aufbauen, da sie merken, dass sie die Kontrolle haben, solange sie ihren Atem kontrollieren - und diese Kontrolle kann man rein biologisch und auch realistisch nicht abgeben. Einige von ihnen machen die Erfahrung, dass sie seitdem besser schlafen, angenehmere Träume haben und auch im Alltag viel ausgeglichener sind, da sie die 3x3 Atemtechnik auch in Stresssituationen anwenden. Und genau das sollst auch du tun: Wenn du Stresssituationen in der Schule, Uni, mit deinen Eltern, Freunden, deinem Lebenspartner oder deinem Chef hast. Lass es auch den mürrischen Busfahrer oder die schlecht gelaunte Kassiererin mit einem Kaugummi im Mund sein: Atme drei Mal drei Sekunden tief durch, wenn du merkst, dass dein Puls wieder in die Höhe rast oder du kurz davor bist, zu explodieren oder zu implodieren. Statt zu brüllen, böse Worte zu sagen, zu weinen oder den ganzen Tag mit einer verzogenen Miene herumzulaufen, gewinnst du so die Oberhand über die Situation. Du beruhigst dich und kannst so mit klarerem Verstand an das vermeintliche Problem herangehen. Denn Wut oder Angst macht uns hypointelligent. Das heißt: Unsere Intelligenz sinkt in der Minute für einen Augenblick und unser Instinkt wird aktiviert, der aus den Zeiten der Menschheit stammt, als wir noch Raubtieren auf offener Landschaft begegnet sind und blitzartig reagieren mussten, um zu überleben. Heute geschieht das eher in Videospielen, die im Dschungel stattfinden. Zurück zum Fight-or-Flight-Instinkt: Bei Stresssituationen wird reflexartig vom Gehirn das Signal gegeben, dass Adrenalin freigesetzt werden soll. Adrenalin erhöht die Anspannung der Muskeln, den Herzschlag und verändert wiederum auch die Atmung. Dies sorgt dafür, dass wir nur zwei Optionen kennen: Kampf oder Flucht (Fight or flight). Deshalb ist tiefes Durchatmen so intelligent, da du diese stressige und Intelligenz-vermindernde Ablaufkette damit aktiv unterbrechen kannst.

Dabei ist die Atmung enorm wichtig. Wenn du dir einige Male am Tag wiederholt die Zeit nimmst, einmal tief durchzuatmen, wirst du spüren, wie du deinen Stresspegel runterfährst. Dabei kannst du dir einen schönen Ort vorstellen, der dich beruhigt. Folglich baust du dir gedanklich deine eigenen „Ruheinseln" auf. So nennen wir Orte, die man sich auch in seinem eigenen Zuhause, bspw. im Bett oder an einer bestimmten Stelle auf der Arbeit, einrichten kann, um sich wenige Minuten am Tag regelmäßig dahin zurückzuziehen, um abzuschalten.

Jede Art der Meditation bezieht die Atmung nicht nur mit ein, sondern macht sie zur Grundlage dieser. Tiefes und ruhiges Atmen versetzt den Körper in einen harmonischen Zustand, entspannt die Bauchmuskulatur und das gesamte vegetative Nervensystem. Beim Yoga wird das „Pranayama" - das Kontrollieren der „Lebensenergie" bzw. des Atems durch das bewusste Atmen - genannt.

Nur wer bewusster mit dieser „Lebensenergie" umgeht, verschafft sich mehr Kontrolle über seinen Körper und über seinen Geist. Denn jede Situation verändert unseren Atem und zeigt, wie sehr Psyche, Geist und Körper mit der Atmung zusammenhängen und durch diese beeinflusst werden. Deshalb ist dieser Aspekt absolut nicht zu vernachlässigen - sondern zu bevorzugen, wenn es um dich, deine mentale Gesundheit und Persönlichkeitsentwicklung geht.

Daraus ist zu schließen: Fange heute schon an und gib deinem Körper mehr Luft zum Atmen..

DAS GUTE IST EWIGES WERDEN

Sein ist endliches Verwelken

Sein ist endliches Verwelken

> *Je höher deine Ziele sind, umso tiefer wird dein Verständnis für dich, deine Schwächen, die Menschen sowie die gesamte Welt werden.*

Ich vermeide es zu sagen, dass ich gut „bin". Denn es geht immer besser. Und das soll kein perfektionistischer Ansatz sein, sondern eine gesunde Disziplin, an seinem eigenen Werdegang festzuhalten. Denn man wird nicht „gut" geboren. Man lernt Güte, indem man sich in gewissen Situationen (und auch Konfrontationen - dazu mehr im Kapitel „Jeder Angriff ist eine Verteidigung") immer wieder reflektiert. Und auch seine Gedanken und sein Handeln überdenkt.

Wenn ich vor zehn Jahren gesagt hätte: „Ich bin." Dann wären wir beide - du und ich - heute nicht hier. Denn meine Entwicklung, mein Denken, mein Charakter und mein Geist wären auf demselben Stand stehen geblieben. Vor ca. zehn Jahren begann ich, meine kriminelle Laufbahn mitten aus dem sozialen Brennpunkt in einem berüchtigten Viertel namens „Starkenburgring", der heute liebevoll zum „Rosenpark" umbenannt wurde. Tatsächlich wächst keine einzige Rose in diesem Viertel (aber vielleicht pflanze ich mal eine). Damals schlossen wir uns in Dietzenbach mit einigen Offenbacher Jungs zusammen und einigten daraufhin, irgendwie richtig viel Kohle zu machen. Das Erste, was uns einfiel, waren Überfälle. Also lauerten wir nachts zu zweit (manchmal zu viert) in einem schwarzen Mietwagen an irgendeiner Ecke in Frankfurt. Am Wochenende. Nach der Berufsschule. Man, ich war damals schon kein Typ, der wochenends abschaltet, sondern „24/7 hustlet". Lach! Spaß beiseite. Das Thema ist nämlich ernst. Also warteten wir da und observierten Personen, die vorbeiliefen. Sobald wir jemanden sahen, der ein teures Handy in der Hand hielt oder eine teure Uhr am Handgelenk hatte, entstand ein „Angriff". So nannten wir das, wenn wir uns jemanden ausgesucht hatten, der den Raub aus unserer Sicht wert war. Einer blieb im Auto, zwei sprangen raus und von denen packte einer die Person von hinten und der Andere durchsuchte sie nach weiteren Wertgegenständen oder Bargeld. Sofern wir nur zu zweit waren, parkten wir den Wagen irgendwo um die Ecke an einer langen, geraden Straße, um schnell losdüsen zu können. Manchmal packten wir uns auch einfach jemanden, der gerade ins Auto stieg und raubten ihn aus. Deshalb drücke ich heute immer noch unmittelbar auf meine Zentralverriegelung, wenn ich ins Auto steige. Ja, manche Laster nimmt man mit aus einer solchen Vergangenheit. Ich erinnere mich jedenfalls, dass sich eine große, kräftige Frau einmal wehrte und Yahya - einer der Jungs - ihr ins

Gesicht schlug. Das tat mir damals schon leid. Wir hatten uns noch am selben Abend diesbezüglich gestritten, da ich sein Vorgehen als absolut falsch empfand. Eigentlich waren all unsere Aktionen falsch, aber aufgrund unserer damals ziemlich begrenzten Intelligenz und Selbstreflexion war lediglich dieser Vorfall ein Streitpunkt. Also beschlossen wir in derselben Nacht, Frauen nicht mehr den Angriffen auszusetzen. Alte Menschen kamen für uns von Anfang nicht infrage. Yahya blieb diesen Aktionen seit jener Nacht entfernt und probierte sein Glück auf eigene Faust mit einem weiteren Freund. Ich glaube, er hieß Toni.

In der nächsten Nacht parkte ich den Mietwagen an einer Ecke mit einem Freund. Sein Name war Eliah. Wir observierten wieder wie gewohnt in einer kleinen Gasse vorbeilaufende Menschen. Diesmal lief ein Mann von ca. 38-43 Jahren die Gasse entlang. Er war ungefähr 1,80 m groß, also etwas kleiner als ich - aber größer als mein Kumpel Eliah, der selbst 1,65 m groß war. Der Mann ging aufrecht, doch seinem Gang und seiner Körperhaltung nach strahlte er Unsicherheit aus. Er trug eine dunkelgraue Baskenmütze und eine schwarze Lederjacke mit rotbraunem Fell an Ärmeln und Bund. Seine Jeans hatte ein ausgewaschenes grau-schwarz und seine Sportschuhe trugen ein bekanntes Markenlogo an den Seiten. Er hatte die Hände in die vorderen Taschen seiner Jacke gesteckt und ging sehr langsam. Als ob er über etwas nachdenken würde. Eliah meinte „Angriff" und wir rannten auf den Mann zu. Ich packte ihn von hinten, schob meinen rechten Arm hinter seine beiden Arme durch und griff an seinem linken Arm zu, sodass seine beiden Arme fixiert waren. Den linken Arm legte ich unter seinen linken Arm und griff nach oben mit der Hand zu seinem rechten Arm. So hielt ich ihn unter Kontrolle und Eliah begann, ihn zu durchsuchen. Was uns verwunderte: Wir hatten schon einige Menschen überfallen, doch dieser Mann wehrte sich nicht. Er blieb still, bückte sich etwas nach vorn und ließ einfach zu, dass er ausgeraubt wurde. Eliah fand in der Innentasche seiner Jacke ein Portemonnaie. Darin befanden sich ein 50- und ein 20-Euro-Schein. Zwar ist das nicht viel, jedoch nahmen wir Geld immer gerne mit. Während mein Kumpel das Geld einsteckte, zeigte der Mann weiterhin keine Reaktion. „Was ist mit dir?", rief ich von hinten in sein Ohr. Der Mann reagierte nicht. Eliah zog an seinem Ohr und rief: „Hallo?!" Der Mann reagierte nicht. Dann zog Eliah ein Foto aus dem Portemonnaie des Mannes und ich sah noch aus dem Blickwinkel eine blonde Frau im Alter von 35-40 Jahren und ein kleines Mädchen, das etwa 7-8 Jahre alt war. Im selben Moment merkte ich, wie der Mann kurz am ganzen Körper zuckte und sofort versuchte, es wieder zu unterdrücken. Ich spürte, dass etwas nicht stimmt und dass dieser Mann ohnehin schon am Ende seiner Kraft war. Zusätzlich darauf überfallen zu werden, würde wahrscheinlich seine letzte Lebensenergie rauben und wir wären beteiligt an dieser Konstellation. Ich meinte zu Eliah: „Scheiß auf den, gib ihm sein Geld und Portemonnaie wieder. Der ist schon am Arsch!“ Eliah wusste sofort, dass ich etwas gespürt hatte - denn er kannte meine Gabe, Menschen zu lesen und ihre Gefühlszustände zu erkennen. Auch, wenn das in dieser Überfall-Situation so absurd klang. Er steckte ihm sein Geld und das Portemonnaie wieder in die Innentasche seiner Jacke, wir sagten beide etwas wie: „Pass auf dich auf, alles wird gut“, zu ihm und rannten fort. Wir blickten noch einmal nach hinten und der Mann stand weiterhin mit den Händen in der Tasche, etwas gekrümmt und kraftlos da. Wir lachten aus dem Herzen, weil es so komisch und gleichzeitig absurd war. Auch, wenn wir innerlich spürten, dass wir mit dem Verzicht auf den Überfall wohl viel Schlimmeres im Leben dieses Mannes verhindert hatten.

In derselben Nacht wurde ich verhaftet. Und beendete am nächsten Tag noch meine kriminelle Laufbahn.

Heute sitze ich hier und schreibe dieses Buch. Ja, es gibt zahlreiche Situationen, in denen uns das Leben vieles beibringt. Zum Beispiel, dass man manchmal während einer schlechten Tat die Möglichkeit bekommt, etwas Gutes zu tun oder sich langfristig für das Richtige zu entscheiden. Was ich letztendlich getan habe, denn sonst würden wir uns beide nicht begegnen. Ja, ich meine dich! Ich bin mir sicher, dass auch du deine schwierigen Phasen im Leben hattest oder dich auch nicht immer richtig entschieden hast. Aber man hat immer wieder die Möglichkeit, sich letztendlich doch für das Richtige zu entscheiden! Es gibt Ansätze im Leben, die dürfen ruhig zu Ende gebracht werden: Sei es dein Traumbody, dein Lieblingsoutfit oder die Zufriedenheit mit deinem eigenen Aussehen. Bei einem guten Charakter ist das anders: Je höher deine Ziele sind, umso tiefer wird dein Verständnis für dich, deine Schwächen, die Menschen sowie die gesamte Welt werden.

> *Du hättest „Sein“ können, doch du entschiedest dich für das „Werden“. Und dieses „Werden“ wirst du dein gesamtes Leben in dir tragen.*

Ein Beispiel: Du streitest dich mit deinem Partner wegen seiner Socken, die er ständig herumliegen lässt. Und es wird laut. Es eskaliert fast, sodass du am liebsten den Kissen neben dir auf ihn schmeißen möchtest (Macht das bitte niemals). Nach 31 Minuten macht es jedoch Klick bei dir und du beendest den Streit, weil es keinen Sinn macht, sich wegen zwei Socken anzuschreien - man kann es wiederholt ruhig ansprechen und darauf hinweisen bis der Socken-Mensch es endlich verstanden hat. Streit beendet - du warst klug und hast nachgegeben, um keine Möglichkeit mehr für Streit vorzugeben. Das ist der Status quo. Darauf kannst du stolz sein. Du hast eingesehen, dass der Streit – ich wiederhole – keinen Sinn macht. In diesem

Zustand kannst du nun bleiben und „Sein". Oder du entwickelst dich.

Und dann sieht es wie folgt aus: Bei den nächsten Streitereien in den künftigen Jahren macht es bei dir nach 15 Minuten Klick. Dann kommt die nächste Stufe: Du beendest den Streit nicht nur, sondern beruhigst euch beide. Daraufhin kommt die übernächste Stufe: Du entwickelst ein tieferes Verständnis dafür, WARUM dein Partner so handelt und gewisse Verhaltensmuster wiederholt. Dadurch lernst du auch über dich, WARUM du so reagierst, wie du reagierst. Es kommt so weit, dass ihr infolgedessen als Beziehungspartner eine viel tiefere Verbindung aufbaut, die aus mehr Verständnis und Kommunikation besteht.

Verstehst du nun? Du hättest „Sein" können, doch du entschiedest dich für das „Werden". Und dieses „Werden" wirst du dein gesamtes Leben in dir tragen. Beginnst du zu „Sein", so hörst du auf zu „Werden". Entscheide dich jetzt dafür und verinnerliche im Herzen, dass es dir und den Menschen um dich herum viele Vorteile bringt.

Um Ansätze zu haben, die dir das „Werden" erleichtern und den Zustand des „Seins" verhindern, möchte ich, dass du drei deiner Stärken und drei deiner Schwächen auf der folgenden Seite aufschreibst. Werde dir bewusst, wer du bist, wie du bist und warum du bist - wie du bist.

ZERSTÖRUNG BRINGT WACHSTUM

Wie deine letzte Niederlage, dein nächster Gewinn wird

Wie deine letzte Niederlage, dein nächster Gewinn wird

> *Du würdest doch niemals schreiend und weinend vor einer verschlossenen Tür stehen, nur weil du keinen Schlüssel hast. Du würdest sie im Notfall einfach eintreten. Oder?*

Manchmal ist uns gar nicht bewusst, wie oft wir zerstören, um Wachstum zu erzeugen. Fangen wir mit einem simplen Beispiel an: Brot! Du fragst dich sicher, was hat Brot mit Zerstörung und Wachstum zu tun? Ganz einfach: Woraus wird Brot hergestellt? Aus Mehl. Richtig. Woraus wird Mehl hergestellt? Hmm. Aus Getreidekörnern! Richtig! Diese werden von den Getreidehalmen „gedroschen", quasi „runtergehauen". Anschließend werden die Schalen von den Getreidekörnern entfernt. Grob gesagt werden die Körner anschließend gemahlen - sprich mit hohem Kraftaufwand zerdrückt, zerrieben und zerstückelt. Das klingt jetzt sehr gewalttätig. Ist es auch! Jedenfalls entsteht daraus unser feines, tolles Mehl. Aus zerstörten Getreidekörnern. Und daraus machen wir wieder etwas Großartiges und Leckeres, wie Brot.

Sportler kennen dieses Prinzip sehr gut. Vor allem Bodybuilder wissen ganz genau, dass durch schweres Training entstandene feine Risse in den kleinsten Muskelfasern wichtig sind, um Muskeln aufzubauen und den Körper zu formen. Denn Zerstörung bringt Wachstum! Doch was hat das mit diesem Buch zu tun? Und mit dir? Nun, lass uns dazu eine Gedankenreise starten: Stell dir vor, du reist in deiner Vergangenheit zu einer Zeit zurück, in der es dir absolut nicht gut ging. Nur du weißt am besten, wie schwer diese Zeit war. Wenn du jetzt überlegst, dass du diese Zeit überstanden hast, obwohl es so schwer war, spürst du Frieden und Ruhe in dir. Weil du damit abschließen konntest und auch daraus gelernt hast. Müsstest du zurückreisen und diese Zeit erneut durchmachen, jedoch mit der heutigen Stärke und Reife, würdest du sie noch besser überstehen. Damit möchte ich nicht sagen, dass es leicht war oder leichter wird.

Du bist stark!

Jedoch lernt man, immer besser mit Schmerz umzugehen. Und das ist die (vielleicht bittere) Realität im Leben. In einigen Bereichen des Lebens wird man nicht unbedingt stärker, sondern hat nur mit der Zeit gelernt, den Schmerz gezielter zu verarbeiten. Die erste Trennung nach der ersten großen Liebe ist die wahrscheinlich schmerzhafteste für die meisten Menschen. Danach verarbeitet man es immer besser. Was nicht heißt, dass die Liebe nachgelassen hat und man deshalb so gut abschließen konnte. Sondern, dass man sich besser schützen, heilen und besser wegstecken kann. Im Kampfsport trainiert ein guter Trainer den Kämpfer gezielt so, dass er in gewissen Maßen „abhärtet". Also mehr Schläge wegstecken kann. Und das macht das Leben mit uns auch..

> *Wenn das Herz das erste Mal bricht, bricht es sehr laut in tausend Einzelteile. Je öfter es bricht, umso leiser wird es. Umso weniger Einzelteile entstehen. Denn es schreit nicht mehr vor Schmerz, den er bereits kennt..*
> - Kianimus (19.08.2022)

Es gibt kein perfektes Leben. Immer wieder gibt es Höhen und Tiefen. Tief im Inneren wissen wir das auch und trotzdem möchten wir es nicht wahrhaben. Du weißt das auch, stimmt's? Ich strebe nicht mehr nach dem perfekten, sondern einem erfüllten Leben, das auch seine schwierigen Phasen haben darf. Ich akzeptiere die Hindernisse und lehne sie nicht ab. Du würdest doch niemals schreiend und weinend vor einer verschlossenen Tür stehen, nur weil du keinen Schlüssel hast. Du würdest sie im Notfall einfach eintreten. Oder? Deshalb sehe ich harte Zeiten auch als Prüfungen. Prüfungen meiner Geduld, meines Charakters, meiner Stärke und meiner Liebe zu mir selbst. Manchmal stellt dich das Leben vor Prüfungen, denen du nicht entfliehen kannst. Du musst dich stellen: Entweder - wie im Beispiel oben - panisch und weinend, oder mit stolzer Brust, stark und resistent!

Wofür entscheidest du dich? Frag dich, warum du welche Reaktion zeigst, wenn das Schicksal dich konfrontiert.

- Welche Angst hast du in dir?
- Wer fängt dich auf?
- Was gibt dir Kraft in solchen Momenten?
- Wann beginnst du zu zweifeln?
- Wann beginnst du zu kämpfen?

Je mehr dieser Fragen du beantworten kannst, desto klarer wird dein Bild über Schicksalsschläge und deine dazugehörige Einstellung. Und je klarer dieses Bild wird, desto eher kannst du dich für eine positive und starke Grundeinstellung entscheiden. Denn, welche Angst du in dir hast, wird dich klar wissen lassen, wovor du dich wirklich fürchtest. Wer dich auffängt, zeigt dir, auf wen du dich verlassen kannst. So kannst du dir deiner Ressourcen bewusst werden und auch mit einem höheren (Selbst-)Bewusstsein durch das Leben gehen und auf dein Schicksal zulaufen. Was dir in solchen Momenten Kraft gibt, ist ein wichtiger Faktor: Denn bist du dir dessen bewusst, kannst du auch in schwachen Zeiten viel Kraft schöpfen, wenn du die Quelle kennst. Ich schöpfe zum Beispiel viel Kraft aus der Beziehung zu meiner Mutter und meinen engsten Freunden. Wann der Punkt eintritt, ab dem du zu zweifeln beginnst, sollte deutlich erkenntlich sein. Denn jeder von uns hat einen gewissen Schwellenwert, ab dem er wirklich die Hoffnung verliert. Und diesen Punkt möchten wir vermeiden. Wir können ihn aber nur vermeiden, wenn wir genau wissen, wann dieser eintritt. Dafür müssen wir uns regelmäßig anschauen und visualisieren, wann und wie dies geschieht. Bei den meisten Menschen tritt das ein, wenn sie den Druck des Schicksals länger aushalten müssen, als sie können. Bei einem harten Schicksalsschlag sind erfahrungsgemäß drei Tage für viele Menschen schon das Limit. Bei langfristigen Schwierigkeiten kann der Zeitraum bis zu einem Jahr andauern. Dann ist bei den meisten aber auch Schluss. Sie brechen zusammen. Größtenteils dann, wenn sie gerade etwas Zeit für sich bzw. zum Ausruhen haben. Und wann der Zeitpunkt eintritt, ab dem du zu kämpfen beginnst, zeigt dir der Anfang deiner Reise bis zum Punkt des Zweifelns. Wie gesagt, kannst du den „Punkt des Zweifelns" vermeiden, wenn du seine Terminierung kennst und entsprechend vorbeugende Maßnahmen ergreifst. Doch interessant ist auch, ab wann wir kämpfen. Was löst diese Kraft, Energie und den Mut aus, zu kämpfen? Werde dir dessen bewusst. Bei mir reicht der Gedanke, weiterzumachen, weil ich weiß, dass ich irgendwann meiner Familie und meinen Kindern in die Augen schauen darf und sagen kann: Ich habe nicht aufgegeben, weil ich genau diesen schönen Moment mit euch erleben wollte. Und auch du kannst all diese obigen (fünf) Fragen für dich anwenden, auch wenn ich mir sicher bin, dass du und viele andere es unterbewusst schon oft getan hast bzw. haben. Ab jetzt solltest du es bewusst machen. Bewusst Fragen an dich selbst stellen und die Kernpunkte herausfinden, denn sie verraten dir viel über dich selbst. Mache deine Niederlagen somit zu deinem nächsten Sieg. Denn ein klarer und reflektierter Geist ist der Geist eines Siegers!

Du warst stark. Du bist stärker geworden. Und du wirst noch viel stärker werden. Du wurdest zerstört und bist gewachsen. Und das weißt du tief in deinem Inneren auch. Die Reise bis hierhin war eine intensive. Stimmt's? Ich möchte dir hier an dieser Stelle auch sagen, dass ich stolz auf dich bin. Auch, wenn wir uns nicht kennen. Im Laufe dieses Buches haben wir uns etwas kennengelernt. Du hast mir deinen Namen genannt, deine Gedanken aufgeschrieben und vieles mehr. Jetzt, bei fast der Hälfte dieses Buches gebe ich dir gerne diese Worte mit. Halte kurz inne, fühle dich warm umarmt, genieße die Ruhe, Stille und Wärme, die in dir aufkommt, wenn du an aufrichtige Liebe und Menschlichkeit glaubst. Wenn du gerade Freude, Wärme und eine Verbindung spürst, lasse mich das gerne wissen. Ich bin für dich jederzeit erreichbar. Ob du mir via Instagram, per Mail oder über eine Bewertung deine Liebe hinterlassen möchtest: Ich sehe dich und spüre es.

IST ES EINE 6 ODER 9?

Wie deine letzte Niederlage, dein nächster Gewinn wird

Wie ein einziger Perspektivwechsel deine gesamte Realität verändert

> *Ich mag es, immer wieder neue Wörter unter Freunden zu nutzen. Sie beleben den Sprachgebrauch und die Gesprächsdynamik wieder, außerdem stören sie das Grundrauschen im Kopf..*

Ich fuhr letztens mit meinem besten Freund Beny im Auto an der Frankfurter Innenstadt in der Nähe vom Römer vorbei. Der Main glitzerte sanft, ruhig und dunkel. Es war ein Sommerabend, unsere Seitenscheiben waren geöffnet, Musik klang leise aus den Boxen und die Sonne ging in einem rötlichen Ton am Horizont wunderschön und gemächlich unter. Als wir an der Ampel an der großen Kreuzung nach der Alten Brücke standen, rechts von uns das Bistro Salvatore, sahen wir etwas, was uns zur Diskussion anregte.

Ein Pärchen am Straßenrand, das sich streitete. Sie gestikulierten sehr aktiv, die Frau mit der Papiertüte einer bekannten

Fast-Fashion-Kette zeigte mit erhobenem Zeigefinger auf ihren Freund oder Mann, pikste aggressiv in die Luft und rief Wortfetzen wie: „Schatz, du regst mich so auf! Ich platze gleich!“ War sie nicht schon geplatzt? Puh, wenn das noch kein „Platzen“ war, dann wollte ich das richtige gar nicht mitbekommen. Der Mann antwortete sehr gereizt und auch etwas lauter: „Was willst du von mir? Ich check' dich nicht!“ Und das ging hin und her. Immer wieder. Sie verstand ihn nicht, obwohl er sich doch erklärte. Und dadurch regte sie sich immer mehr auf. Nach ca. 20 Sekunden wurde die Ampel grün und wir verpassten das Signal, vertieft in unserer Teilhabe am Streit dieses Pärchens. Ich kenne meinen besten Freund nun über 16 Jahre und ich wusste, worauf wir beide gewartet haben. Auch er wusste es: Ob sie ihn nun mit der Papiertüte vermöbelt oder nicht. Lach! Aber gehofft haben wir das natürlich nicht. Jedenfalls wissen wir nicht, wie es ausgegangen ist. Denn nach ungefähr 0,001 Sekunden - schneller als Lewis Hamilton - hupte ein Kombifahrer mittleren Alters hinter mir, weil die Ampel grün war. Typisch Frankfurt! Ich regte mich nicht auf, schaute nach hinten, lachte und rief: „Danke für die Hilfe, ich habe eine Rot-Grün-Sehschwäche!“, und fuhr los. Mein bester Freund sagte genervt: „Scheiß Kombifahrer!“, und ich antwortete: „Immer die Kombifahrer.“ Wir lachten laut und aus dem Herzen. Danach kamen wir auf das Pärchen zurück. Beny war überzeugt, der Mann sei an dem Streit schuld, weil sie ihm doch vorher das Problem erklärt haben muss. Andererseits sagte er: „Aber, die Frau hat ständig auch nur dasselbe geschrien." Ich antwortete daraufhin: „Du erinnerst dich doch an dieses Sender-Empfänger-Prinzip, oder?" Er kannte es. Wir hatten schon einige Male darüber gesprochen. Bevor ich es ausführen oder darüber weitersprechen musste, wusste er, worauf ich hinaus möchte. Er nickte und antwortete: „Die 9-und-6-Theorie." Herrlich, wie wir uns manchmal ohne Worte verstehen. Wieder einmal führte ich das Thema aus: „Die 9-und-6-Theorie ist ja der Perspektivwechsel. Also: Ich stelle mich mit 1,5 m Abstand vor dich und wir schauen uns in die Augen. Mit einem Stück Kreide male ich nun eine 6 auf den Boden. Daraufhin frage ich dich: Welche Zahl siehst du?" Beny antwortete: „Eine 9." Wir fuhren an der Konstablerwache vorbei. Das Elektronikfachgeschäft links hatte bereits geschlossen. Trotz der Abendstunden war ein reges Treiben auf den Straßen. Die Leute genossen die Wärme und den angenehmen Wind genauso sehr wie wir beide.

Und ich fuhr fort: „Richtig! Du siehst eine 9. Jetzt können wir beginnen zu streiten! Du lügst! Ich habe gerade vor deinen Augen eine 6 hingemalt! Wie kannst du so dreist sein? Du kannst nicht mal eine einzige Zahl erkennen! Immer musst du mich als Lügner darstellen! Es ist doch ganz klar.. Und so weiter. Beny, wer sagt denn nun die Wahrheit?"

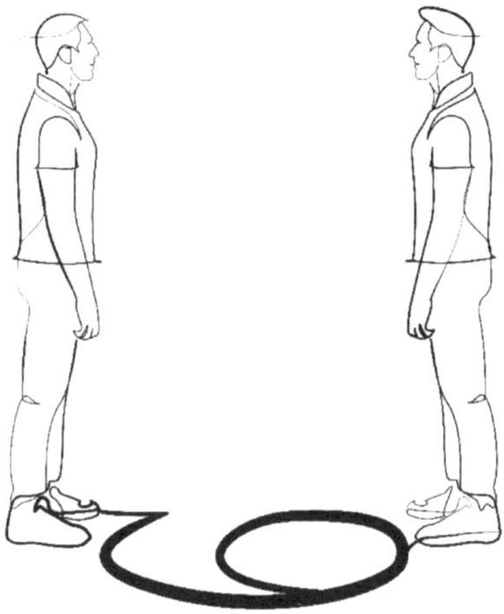

Während ich den Satz beendete, erreichten wir das Parkhaus am Gericht, ich fuhr hinein und ließ die Scheibe hinunter, um ein Parkticket zu ziehen, doch die Schranke war schneller. „Die haben doch jetzt diese Kameras, die dein Kennzeichen innerhalb von einer Sekunde identifizieren."
„Ach, stimmt! Ich vergesse es immer wieder, mein Brü."

„Brü" ist die abgekürzte Form von „Bruder", mit einem Hauch Französisch. Ich mag es, immer wieder neue Wörter unter Freunden zu nutzen. Sie beleben den Sprachgebrauch und die Gesprächsdynamik wieder, außerdem stören sie das Grundrauschen im Kopf - dazu jedoch in den nächsten Kapiteln mehr.

Jedenfalls kann man sein Kennzeichen am Parkscheinautomat eintippen und kann dann entspannt zahlen. Ich mochte die alten Parktickets aber auch. Sie haben immer bewiesen, wer ein klares logistisches System an und in sich hat und wer nicht: Die einen steckten es irgendwohin und verloren es dann. Und die anderen hatten ihren festen Platz für das Ticket. Jedoch schweifen wir vom Thema ab. Ich wusste, dass Beny das Gesprächsthema trotz der Unterbrechung nicht vergessen hat. Denn Beny hat ein gutes Gedächtnis! Das hat Herr Lamby – mein Lieblingslehrer aus Schulzeiten – schon immer gesagt. Und das stimmte bis heute noch.

> *Doch in täglichen Situationen streiten wir mit dem Partner, verstehen die Eltern nicht und beginnen, den Arbeitskollegen - langsam aber sicher - zu verabscheuen.*

Also sprach er, wie erwartet: „Zurück zum Thema. Auf dem Boden ist von dir aus eine 6 und von mir aus eine 9. Wir hatten das Thema schon öfter. Beide sagen die Wahrheit! Eine einzige Wahrheit gibt es nicht. Auch, wenn wir das oft denken. Es gibt mehrere Wahrheiten und auch mehrere Realitäten. Jeder lebt seine eigene Realität und Wahrheit.“ Ich liebte seine Theorien und fortführenden Gedankengänge einfach! So etwas erkannte er sehr scharfsinnig. „Und warum streiten dann so viele Menschen über die Wahrheit?“ Prompt kam die Antwort von ihm: „Weil sie keinen Perspektivwechsel vornehmen! Wenn du dir die Mühe machen würdest, dich an meine Stelle zu positionieren und ich mich an deine Stelle – dann wäre es gelöst. Du könntest meine Perspektive sehen und ich deine!" „Jawohl!", brüllte ich raus. Ich freute mich, weil wir einen geistigen Konsens hatten: Um den anderen zu verstehen, ist ein Perspektivwechsel erforderlich.

Und genau dieser fällt uns so schwer im Alltag. Ob in Beziehungen, Freundschaften oder auf der Arbeit. Bei dem Beispiel mit der 6 und der 9 stimmen wir alle zu und empfinden es als nachvollziehbar und logisch. Doch in täglichen Situationen streiten wir mit dem Partner, verstehen die Eltern nicht und beginnen, den Arbeitskollegen - langsam aber sicher - zu verabscheuen.

Warum ist das so und was hat das mit dem streitenden Pärchen zu tun?

Nun ja, eins kann ich schon mal verraten: Das Pärchen wird jetzt nicht mehr relevant sein. Sie waren nur ein interessantes Sinnbild dafür, wie man streiten und Energie verschwenden kann, ohne dem anderen zuzuhören bzw. sich für einen Perspektivwechsel zu entscheiden. Aber warum das so ist, kann ich verraten. Und auch, wie sehr dieses Kapitel im Buch dein Leben verändern kann und wird! Denn dies ist mein persönlicher Lieblingsrat. Wobei, eigentlich wollte ich hier gar keine Ratschläge verteilen, sondern Impulse. Puh! Naja. Also: Ich nenne dir jetzt einige Punkte und werde dann näher auf diese eingehen. Im Alltag fällt uns das aus folgenden Gründen so schwer.:

1. Wir denken egoistisch.
2. Wir lassen uns von unseren Emotionen steuern.
3. Wir sind nicht bereit, zuzuhören.
4. Wir haben Angst nachzugeben.

1) Das egoistische Denken: Person A streitet mit Person B und ist der laute Part, der Vorwürfe macht und nur „Du"-Sätze in den Raum wirft. „Du bist so schlimm. Du nervst mich. Du bist ein schlechter Mensch! Du hast mir auf WhatsApp nicht geantwortet!" Blablabla. Diese Person denkt nur daran, was ihr fehlt, was sie möchte und was sie empfindet. Sie denkt nur an sich. Und äußert das auch so!

2) Das emotionsgesteuerte Verhalten: Person A regt sich über das Verhalten von Person B auf. Denn Person B hat ihr nicht geantwortet als sie ihr geschrieben hat.

Sie spürt Wut und Enttäuschung. Deshalb wirft sie Person B vieles vor. Doch da ist noch ein Aspekt: Person A wird so laut, verletzend und gemein, weil sie selbst verletzt ist! Und lässt sich aufgrund dessen von ihren Emotionen steuern, was es noch schwieriger macht, diese Diskussion rational und logisch zu führen. Ergo: kein Perspektivwechsel möglich!

3) Keine Bereitschaft zuzuhören: Wenn Person B spricht, hört Person A gar nicht richtig zu, um es zu verstehen. Sondern wartet nur auf darauf, dass Person B zu Ende spricht, um direkt zurückzufeuern. Nicht um zu antworten oder zu REagieren. Und somit kann Person B die qualitativsten, friedlichsten und logischsten Aussagen treffen, Person A lässt es durch ein Ohr rein und durch das andere Ohr wieder hinaus sausen. Dies liegt auch daran, dass Punkt 2 enorm viel vom logischen Denken unterdrücken kann.

4) Die Angst, nachzugeben: Vor allem diese Angst begleitet wahrscheinlich viele Menschen, wenn sie in eine hitzige Diskussion geraten. Sie befürchten, dass ihre Autorität und Authentizität infrage gestellt wird, wenn sie nachgeben. Was auch zum Teil stimmt, jedoch gehören Fehler im Leben dazu. Und oft erhält man auch Respekt dafür, wenn man seine Fehler einsieht und zugibt. Doch auch diese Befürchtung sorgt dafür, dass Menschen sich nicht die Mühe machen

möchten oder können, um sich den Perspektivwechsel vorzunehmen und die Ansicht des Anderen anzusehen.

> *Und das ist einer von vielen Vorfällen, die mir passiert sind. Genau deshalb suche ich 70 Gründe für Menschen, bevor ich einen Grund gegen sie suche.*

Alle diese vier Zutaten ergeben einen ganz miesen Cocktail. Wie ein Mojito, in den der Barkeeper zu viel Limette reingeballert hat. Was soll der Nonsens? Wolltest du mein Zahnfleisch wegätzen, Bro?

Jedenfalls ist es absolut menschlich, Fehler zu machen, emotional zu sein, auch mal mehr an sich zu denken oder etwas doof zu sein. Trotzdem sind wir hier, damit so etwas seltener geschieht. Wir können an diesen vier Punkten arbeiten, wenn wir anstelle von Person A, aber auch wenn wir an der Stelle von Person B sind.

Denn für beide gilt dieselbe Übung, um solche Situationen in Zukunft zu vermeiden oder schneller aufzulösen: Stelle dir vor, du läufst morgen aus dem Haus heraus, siehst eine Person auf der Straße, die anders gekleidet ist, anders läuft, anders aussieht und sich anders verhält. Wie anders? Einfach nur so anders als das, was du gewohnt bist. Dein Gehirn wird wieder kategorisieren. Wie du das umgehst, habe ich dir bereits erklärt (Erinnere dich dafür an Kapitel 4: „Der gute Mensch & das Böse“). Es gibt

Konfrontationen und Streitpunkte, in denen wir unsere Position ständig verteidigen und unser Gegenüber angreifen. Dabei versuchen wir nicht, den Standpunkt unseres Gegenübers zu verstehen. Manchmal muss man emphatisch sein und einen Perspektivwechsel vornehmen, um unnötige/lästige Streitsituationen zu vermeiden. Im Folgenden zeige ich dir, wie du diesen Perspektivenwechsel üben kannst. Und glaub mir, es wird diesmal verdammt anstrengend!

Bevor du diesen Menschen als „komisch, gruselig, böse, eklig, verrückt oder cringe" verurteilst: Suche 70 Gründe für sie. Hast du es gelesen? FÜR sie. Nicht gegen sie. Wir sind von klein auf darauf getrimmt, ständig Gründe gegen Menschen zu suchen. Sofort, wenn wir eine besondere Situation sehen, verurteilen wir jemanden als böse oder ähnlich.

Beispiel:

„Er ist ein gutaussehender Mann, er ist bestimmt ein Casanova."
„Sie ist eine schöne Frau, sie ist bestimmt eine Tussi."
„Er schaut immer böse, bestimmt schlägt er sofort zu."
„Sie ist alleinerziehend, bestimmt war sie schuld."

So banal und dümmlich diese Sätze für dich und auch mich klingen: Sehr viele Menschen in unserer Gesellschaft denken so oder ähnlich in vielen verschiedenen Themen.

Das geht übrigens auch in eine vermeintlich positive Richtung, die natürlich gar kein Kompliment ist, sondern nur ein verallgemeinerndes Vorurteil. Schau.

Beispiel:

„Er ist Italiener, der ist bestimmt temperamentvoll."
„Sie ist aus Afrika, bestimmt kann sie super tanzen."
„Er ist aus gutem Hause, bestimmt hat er Anstand."
„Sie arbeitet als Ärztin, bestimmt lebt sie sehr gesund."

All das sind Vorurteile und vermeintliche Annahmen, die wir für eine bestimmte Personengruppe anwenden. Ob in die positive oder negative Richtung - es bleiben Vorurteile! Und diese schränken uns immer kognitiv ein. Bitte merken! Und jetzt besteht das Ziel darin, wirklich gute Gründe FÜR unsere Mitmenschen zu finden. Ich mache das wie folgt:

Ich sehe eine Person, die es minutenlang nicht schafft, ihr Auto seitlich einzuparken. Sie fährt vor, dann zurück, dann wieder vor, dann zurück und schafft es trotzdem nicht. Ein anderer Autofahrer brüllt aggressiv: „Bist du zu dumm zum Einparken, oder was?!" Ein Fußgänger sagt verächtlich im Vorbeigehen: „Hast deinen Führerschein wohl im Lotto gewonnen, wa?" Und jetzt halte mich für verrückt, aber mit dieser 7-Gründe-Technik bin ich im Leben schon oft viel weiter gekommen als ohne. Denn ich mache das so und denke mir, woran es liegen könnte:

„Vielleicht hat die Person eine Sehschwäche und ihre Brille Zuhause vergessen."

„Vielleicht hat die Person eine Sehschwäche und ihre Brille vorhin verloren."

„Vielleicht hat die Person eine Behinderung und braucht aufgrund dessen etwas länger zum Koordinieren beim Einparken."

„Vielleicht hat die Person gerade eine Nachricht erhalten, dass ihre Freundin gestorben ist und muss jetzt unter Adrenalin und Emotionen einparken, um sich anschließend beruhigen zu können."

„Vielleicht hat die Person ihren Führerschein neu und braucht einfach etwas länger zum Einparken."

„Vielleicht hat die Person heute das Auto des besten Freundes und fährt normalerweise ein viel kleineres Auto."

Und und und.. Ich könnte dir, da ich das seit Jahren schon übe, locker noch 15 Argumente FÜR die Person nennen. Aber merkst du was? Durch dieses Suchen der Argumente für diesen Menschen kannst du dich gar nicht einfach so über Menschen aufregen oder sie verurteilen. Weil du zu sehr damit beschäftigt bist, nachzudenken. Und dein Gehirn arbeitet in manchen Hinsichten wie deine Muskeln: Trainierst du beide regelmäßig, werden sie leistungsfähiger und wachsen. Naja, das Gehirn wächst eher im geistigen Sinne. Jedenfalls hat

mir das im Leben sehr oft viel gebracht. Denn nachdem die Person geparkt hat und aussteigt, gehe ich einfach ganz ruhig auf sie zu - nachdem die „Wutmenschen“ alle weg sind - und sage: „Hallo, Sie haben es geschafft. Finde ich gut! Woran lag es, dass Sie länger gebraucht haben?“

Und die Person antwortet: „Mein Vater starb heute genau vor einem Jahr.. Eben kamen die Erinnerungen und Tränen wieder hoch und ich musste einfach anhalten..“

Und das ist einer von vielen Vorfällen, die mir passiert sind. Genau deshalb suche ich 70 Gründe für Menschen, bevor ich einen Grund gegen sie suche. Und in dem Moment, in dem ich dies tue, mache ich was? Ich nehme einen Perspektivwechsel vor! Richtig! Ich versetze mich in diese Person hinein, überlege, wie ihr Leben aussieht, was sie denkt, was sie fühlt, warum sie sich so benimmt und so weiter. Und je öfter du genau das im Alltag übst, umso einfacher wird es dir in bestimmten Situationen fallen, dein Gegenüber zu verstehen, zu fühlen und die Situation zu entschärfen. Probiere es heute noch aus!

VORBILDER HINTERLASSEN NACHWIRKUNGEN

Warum gute Menschen die Welt verändert haben

Warum gute Menschen die Welt verändert haben

> *Auch heute beeinflussen seine Lebensweisheiten viele Menschen auf dieser Welt. Ein sehr erfolgreicher Influencer, könnte man sagen.*

„So, hier ist dein Geschenk", sprach Petra und überreichte mir die mittelgroße blau-silber glänzende Papiertüte, mit weißen Kordeln als Tragegriff. Es war ein früher Sommertag vor einigen Jahren. Die Sonne streckte vorsichtig und sanft wärmend ihre Strahlen aus, die Wolken schoben sich langsam und immer kleiner werdend zur Seite und der Wind ließ heute gar nichts von sich hören. Vor fünf Minuten hatte ich mein schwarzes Motorrad, um genau zu sein eine Kawasaki Ninja, neben Petras Auto geparkt und bin um das Gebäude herum zum Eingang gelaufen. Der Parkplatz befand sich hinter dem hellgelb gestrichenen Gebäude. Hinten gab es auch einen Eingang, aber diesen vermied ich. Jedenfalls verkehrten da nur die Küchenleute und der Hausmeister. Ich war an ein paar kleinen Pflanzen vorbeigekommen und las automatisch das große rote Schild, das mitten auf der Grünfläche rechts vom Eingang stand: „Pflegeeinrichtung für Senioren".

Heute war es genau 1 Jahr her, dass ich hier mein Praktikum als soziale Betreuung begonnen hatte. Dazwischen war viel passiert. Die letzten Wochen waren anstrengend, aufreibend und intensiv. Das letzte Jahr war an sich bedeutungsvoll für meine Persönlichkeitsentwicklung. Heute war mein letzter Tag. Und nun? Inzwischen stand ich vor Petra in ihrem Büro und sie überreichte mir strahlend bis über beide Ohren und wiederum gleichzeitig mit etwas Trauer in ihren Augen diese Papiertüte. „Oh, Petra! Das muss doch nicht sein!" Typisch wie ich sie kannte, schimpfte sie nur aufgesetzt im Mama-Ton: „Du nimmst das sofort an, sonst bekommst du Ärger von mir!" „Okay, okay. Hau mich bloß nicht!", entgegnete ich lachend. Ich schaute in die Tüte. Kleine, tolle Geschenke und zwei Bücher lagen darin. Petra und ich hatten in diesem einem Jahr mit der Zeit viel miteinander gesprochen und sie kannte mich so langsam. Und eins wusste sie: Ich liebte Bücher. Also bekam ich zum Abschied auch etwas zum Lesen. Ein Buch davon sollte mir einen Schlüsselmoment für das Leben mitgeben. Wovon ich bis jetzt noch nichts wusste. Dieses Buch handelte vom berühmten und wunderbaren Mahatma Gandhi. Über ihn habe ich auch in meinem Podcast „Revuè" eine ganze Folge aufgenommen. Jetzt, wo du das Buch gerade liest, müsste der Podcast schon längst veröffentlicht worden sein. Jedenfalls hat Mahatma Gandhis Philosophie und sein Lebenswerk aus der Vergangenheit einen großen Einfluss auf meine

Zukunft gehabt. Denn er war friedlich, weise, vorbildlich und einflussreich. Nicht nur damals. Auch heute beeinflussen seine Lebensweisheiten viele Menschen auf dieser Welt. Ein sehr erfolgreicher Influencer könnte man heute sagen. Wobei ihm das nicht gerecht wird – finde ich jedenfalls.. Er hatte eine Mission im Leben, die nicht aus Produktwerbung bestand, sondern daraus, für seine Ideologie, Werte und Moral alles zu geben. Spaß beiseite.

> *Die VORbilder unserer Eltern haben NACHwirkungen. Selbst auf uns.*

Dieser gute Mensch schaffte auch, was er sich vorgenommen hatte: Er machte Indien wieder zu einem unabhängigen Land, befreite viele Menschen aus dem Kastensystem und sorgte für Frieden. Doch dann kam ein böser Mensch und erschoss Gandhi. Möge er in Frieden ruhen. Doch was der böse Mensch nicht wusste: Auch, wenn er Gandhi erschoss – seine Ideologie würde auch nach dem Tod seines Körpers als zeitloser Geist auf dieser Welt bleiben und durch Millionen von Menschen, die Gandhi und seine Lebenseinstellung zum Vorbild nahmen, weiterleben. Denn ein solches Leben hinterlässt Nachwirkungen. Wie der Titel dieses Kapitels auch sagt: Warum ist das so wichtig? Das wird verständlicher, wenn wir uns mal auf etwas unbekanntere Geschichten konzentrieren.

Unter anderem auf die Familiengeschichten unserer (Groß-)Eltern. Wenn unsere Eltern oder Großeltern von Menschen erzählen, die sie toll fanden - wie z. B. ihre eigenen Eltern oder ihre Geschwister -, dann sind das auch ihre Vorbilder. Und du merkst: Sie haben einen Eindruck auf deine Eltern hinterlassen. Stimmt's? Das heißt für uns: Die VORbilder unserer Eltern haben NACHwirkungen. Selbst auf uns. Denn wenn man sich jemanden als Vorbild nimmt, ihn bejubelt, vielleicht auch seine Ideologie teilweise adaptiert, der wird auch im Nachhinein noch Wirkung auf uns und unsere Umgebung zeigen. Denn bei der nächsten Diskussion sagt Opa plötzlich: „Weißt du, mein Vater hat seine Schuhe jeden Abend geputzt, bevor er sich schlafen legte. Und so habe ich ihm das auch abgeschaut. Also sollst du gefälligst auch jeden Abend deine Schuhe putzen! Die Jugend von heute..“ Nun ja, das ist an sich eine gute Angewohnheit, ich muss sie jedoch keinem aufzwingen. Trotzdem, egal wie logisch und weise Opa eigentlich ist, in der Hinsicht möchte er einfach nicht einsehen, dass manche Menschen heutzutage ihre Schuhe nur einmal die Woche in die Waschmaschine werfen. Oder nie putzen. So wie manche Mädels die weißen Nike Air Force tragen. Oder Nike Air Force, die mal weiße Sneakers waren. Jetzt sind sie nur noch irgendetwas zwischen Naturkatastrophe und Weltuntergang..

Warum ist das so und wie können wir dieses Prinzip für uns und folgende Generation anwenden?

Der Mensch braucht Vorbilder. Besonders der „kleine Mensch“ - sprich unsere Kinder brauchen Menschen, die sie für ihre eigene Sozialisation als Beispiel nehmen: Meist sind es die Eltern, die von ihren Kindern bewundert und nachgeahmt werden. Man sieht jeden Tag, wie Papa steht, geht, sitzt und isst. Man sieht, wie er spricht, wie er agiert und reagiert und wann er laut wird. Bei Mama sieht man dasselbe, ahmt sie nach und legt somit den Grundstein für seine eigene Persönlichkeitsentwicklung. Ab Beginn der Pubertät verändert sich das Vorbild eines Jugendlichen: Plötzlich werden „Stars“ und heutzutage auch „Influencer“ die Idole im Leben der Jugendlichen. Sowohl die Optik, Attraktivität, das Verhalten und der Ruhm eines Stars macht ihn zum würdigen „Elternvertreter“. Denn in dieser Zeit müssen Eltern oft eine bittere Erfahrung machen, die auch zur Persönlichkeitsentwicklung gehört: Sie müssen realisieren, dass sie nicht mehr die Nr. 1 für ihre „kleinen Menschen“ sind, die eigentlich schon ziemlich groß und eigenständig geworden sind. Sie sind nun nicht mehr die Coolsten für sie, sondern eher nervig und langweilig. Klar: Unsere Eltern jetten ja auch nicht durch die Welt, geben meist keine Auftritte und haben auch nicht die trendigsten Outfits. Naja, meine Kids werden hoffentlich das Gegenteil bei mir bestätigen. Lach!

Aber was ich hier auch noch einmal an alle Eltern sagen möchte, ist: Es ist okay! Dein Kind wird nach dieser Zeit wieder zu dir finden. Es ist meist nur eine Phase und sie geht vorüber. Ein Kind zu unterstützen, das zu einem gut organisierten Konzert fahren will, ist okay. Lass nicht zu, dass dein gekränktes Ego die junge Seele deines Kindes schädigt.

> *Wenn ihr eure Eltern gerade nicht so cool findet, denkt daran: Die ganzen Jahre vorher habt ihr sie bewundert. Erinnert euch zurück, was ihr an ihnen so cool fandet.*

Ich verhalte mich weiterhin wie ein Vorbild: Wenn mein Kind dann eine Frage oder ein Anliegen hat und auf mich zukommt, freue ich mich und bin da. Statt schnippisch mit: „Frag doch deinen Superstar“, zu antworten. Auch, wenn es mir manchmal nicht leicht fällt. Und dadurch entsteht Folgendes: Das eigene Kind findet ohnehin jemanden cooler als die Eltern, aber in der Situation merkt es erneut, wie uncool die Eltern reagieren. Die Ablehnung führt zu einer bröckelnden Eltern-Kind-Beziehung. Sei offen, zurückhaltend und herzlich. Dein Kind wird es dir danken und das Gespräch positiv in Erinnerung behalten.

Und jetzt auch an die Jugendlichen: Wenn ihr eure Eltern gerade nicht so cool findet, denkt daran: Die ganzen Jahre vorher habt ihr sie bewundert. Erinnert euch zurück, was ihr an ihnen so cool fandet. Das hat sich höchstwahrscheinlich nicht geändert. Papa hat bestimmt immer noch den großartigen lockeren Humor, der euer Heulen damals in eine Lachattacke umgewandelt hat. Und Mama macht bestimmt immer noch die leckersten Pfannkuchen der Welt. So uncool sind sie ja gar nicht. Gebt ihnen eine Chance und seid gerne stolz auf sie, wenn sie euch großartig erzogen und geliebt haben.

Bei mir war es etwas anders: Ich bin seit dem 10. Lebensjahr ohne Vater aufgewachsen. Das heißt auch: Es hat ein Vorbild gefehlt, aber auch das fehlende Vorbild hinterließ Nachwirkungen. Ich erkläre es dir.. Dadurch, dass mein Vater nach einem riesigen Streit mit meiner Mutter nach zwei Dekaden voller Gewalt, Unterdrückung und Ausbeutung weg war, bekam ich bereits in jungen Jahren viel Verantwortung. Denn meine Mutter war mental am Ende, sie war depressiv, traurig und hat viel geweint. Ich musste einkaufen gehen, aufräumen, putzen, kochen lernen und Wäsche waschen, mich um den Papierkram kümmern, mit Ämtern telefonieren (war natürlich komisch, wenn da ein 10-Jähriger anrief), sie mental aufbauen und lernen, mit schwierigen Situationen umzugehen. Es war nicht einfach, doch es hat mich ausgebildet. Darin, Menschen zu motivieren, ihnen durch einfache Tipps und Tricks mehr Mut zu verschaffen, Hoffnung aufleben zu lassen und dabei selbst mental stark zu bleiben. Das war verdammt hart! Aber das kann mir auch niemand mehr nehmen: Ich bin stark und ein eigenständiger, verantwortungsvoller Mensch, der für sich und seine Leute sorgen kann. Und das werde ich auch bleiben! Deshalb gebe ich mein Bestes, um dich auch stark und noch stärker zu machen als du schon bist. Ich bin mir sicher, dass auch du schwere Phasen im Leben hattest und am Boden warst. Und trotzdem bist du immer wieder aufgestanden! Du hast es dir nicht nehmen lassen, weiterzumachen! Und du kannst verdammt stolz auf dich sein! Nimm dir jetzt einen Moment und lasse all das Revue passieren. Lass dir all diese Situationen durch den Kopf gehen und schau, wo du heute stehst. Du hast all das überstanden und bist nicht daran zerbrochen. Du hast weiter gemacht, weiter gekämpft, weiter geliebt und weiter geschaut. So weit, dass du wusstest, dass auch all diese Probleme irgendwann verschwinden. Weil du selbst die Lösung bist! Lass es auf dich wirken, du wunderbarer Mensch..

Und? Wie fühlst du dich? Schreibe es bitte hier rein:

Ich bin froh, dass du hier bist, und möchte dir nun etwas für die Zukunft mitgeben. Denn ab heute darfst du als Vorbild Nachwirkungen hinterlassen!

Folgend möchte ich dir sieben Leitsätze mitgeben, die dich als Mensch und Vorbild so positionieren können, dass es eine unglaubliche Wirkung auf dein Umfeld - seien es dein Partner, deine Kinder, Nichten und Neffen, Freunde und Arbeitskollegen - haben wird.

1. Bewege dich so, wie du etwas bewegen möchtest.
2. Handle immer so, wie du es handhaben möchtest.
3. Mache vor, wie es nachgemacht werden DARF.
4. Zeige Einsicht, um die Aussichten zu verbessern.
5. Erkenne den Unterschied von kindlich und kindisch.
6. Traue dich selbst, um zu vertrauen.
7. Lehre viel, doch belehre nie.

Der erste Leitsatz weist auf deine Körpersprache hin. Hiermit ist deine physische Bewegung gemeint. Wie du dich bewegst, wann du dich bewegst und warum du dich bewegst, sollte klar ersichtlich sein. Auch, wenn dich das durchschaubarer macht, wird es für dein Umfeld von Vorteil sein. Warum? Angenehme und sanfte

Bewegungsabläufe lassen uns ruhen. Stell dir vor, du siehst eine Oma, die sich auf dich zubewegt. Ihre Bewegungen sind ruhig und sanft. Nun stell dir vor, wie ein großer Mann auf dich zu sprintet. Die Bewegungen sind schnell und voller Energie. Das löst eine Unruhe in uns aus, während die ruhigen Regungen uns ebenso ruhig werden lassen. Eine Mutter, die ständig abgehackte, viele Bewegungen macht und wild gestikuliert, wird bei den Kindern zum Teil Angst auslösen und sie negativ prägen. So, dass diese bei der nächsten schnellen Bewegung auch mal zusammenzucken. Eine ruhige Mutter, die eine sanfte Körpersprache hat, hat oft auch was? Richtig. Ruhige, entspanntere Kinder. Dies ist eine Wahrscheinlichkeit. Das trifft nicht hundertprozentig auf alle zu. Jedoch auf viele. Bei geschäftlichen Verhandlungen wird viel Bewegung auch als Unsicherheit gedeutet und kann Verhandlungen platzen lassen - obwohl die Argumente ausgezeichnet waren. Denn wer weiß: Wenn der Typ sich so hektisch bewegt, wie hektisch führt er dann sein Geschäft? Also merk dir: Beweg dich so, wie du etwas bewegen möchtest.

Der zweite Leitsatz ist ähnlich wie der Erste, jedoch hat er einen kleinen und feinen Unterschied: Unsere Handlungen führen dazu, dass wir unser Umfeld und auch uns selbst verändern. Folgend ein Beispiel: Stell dir vor, du bist auf einer Geburtstagsparty eingeladen und kennst die

Gäste noch nicht so gut. Da du innerlich aufgeregt bist, tätigst du plötzlich Aussagen in Gesprächen, für die du dich selbst hauen könntest. Beispielsweise spricht dich jemand an: „Hey, dein Kleid ist toll!“ Und du antwortest: „Ich finde, es sieht aus wie das Kleid meiner toten Oma.“ Puh! Voll ins Fettnäpfchen getreten. „Oh, vielen Dank! Wie lieb von dir!“, hätte eigentlich vollkommen ausgereicht und normalerweise hättest du diese soziale Interaktion auch mit links hinbekommen. Lach! Diesmal leider nicht! In solchen Momenten kannst du wieder auf die 3x3-Atemtechnik zurückgreifen (siehe Kapitel 5: Atme ein & lebe dich aus). Du wirst die Situation besser handhaben können, weil du deinc Handlung besser koordinierst.

Der dritte Leitsatz ist ein notwendiger Punkt und bildet den Kern eines Vorbilds (Vergiss nicht: Wir sind alle irgendwo Vorbilder - ob gewollt oder ungewollt): Mach die Dinge so vor, wie du möchtest, dass es nachgemacht werden DARF. Und warum ich „darf“ großgeschrieben habe, liegt an dem Punkt, den wir eingangs besprochen haben: Wir wollen unser Verhalten und unsere Ideale niemandem aufzwingen, wie es bspw. Opa gemacht hat. Auch dürfen wir uns nicht gekränkt fühlen, wenn unsere Liebsten es nicht so machen, wie wir es für richtig halten. Wenn wir jedoch hinter unseren Handlungen, Bewegungen und unseren Idealen stehen, werden wir unser Umfeld automatisch bis zu einem gewissen Grad ändern. Erzwinge es nur nicht. Denn durch Druck entsteht manchmal viel Scheiße. Du weißt schon.

Beim vierten Leitsatz geht es um Selbstreflexion, die zur Einsicht führt. Denn Selbstreflexion ist die Grundlage von allem im Leben. Ohne Selbstreflexion wirst du nie wachsen können. Es wird dich hemmen. Wenn du als Vorbild für bspw. deine Kinder oder jüngeren Geschwister immer den perfekten Menschen spielst, der nie Fehler macht und das letzte Wort hat, wirst du (wie in deiner Illusion) statt Respekt zu bekommen, Respekt verlieren. Denn wir sind so gestrickt, dass wir auf kurz oder lang uneinsichtige Menschen absolut nicht abkönnen. Das kennst du bestimmt. Stimmst du zu? Deshalb ist es wichtig, dass du dich jeden Abend oder wenigstens zweimal die Woche hinsetzt und dein Verhalten, deine Worte sowie deine Wirkung auf dein Umfeld reflektierst. Nichts ist für dein Umfeld schlimmer als eine Version von dir, die immer recht haben muss. Einsicht wird von den Liebsten so gut wie immer belohnt und fördert die Aussichten auf ein besseres Zusammenleben und mehr Respekt für dein Vorbild.

Der fünfte Leitsatz beschreibt einen immensen Fehler, den unsere Gesellschaft heute so oft und stupide macht: Sie verwechselt die kindliche Seite (die wir alles tief in uns haben) eines Menschen mit kindischem Verhalten.

Kindlich zu sein bedeutet, wie Kinder an gewisse Dinge heranzugehen: Kreativ, spielerisch, fokussiert. Hast du schon mal ein Kind beobachtet, das spielerisch eine Aufgabe gefunden hat? Es versucht, diese kreativ und auf seine individuelle Art und Weise zu lösen. Deshalb wird in größeren und modernen Unternehmen das kreative und spielerische Lösen von Problemen unterstützt und gefördert. Kindisch zu sein bedeutet, in wichtigen Situationen unreif zu reagieren: Quengelnd, uneinsichtig und viel zu emotional überladen. Kenne den Unterschied und du wirst merken, wie sehr es dich als Vorbild - auch für dich selbst - fordern und fördern wird!

Am sechsten Leitsatz scheitern leider viele Vorbilder (auch hier wiederhole ich: Wir alle sind Vorbilder). Sie trauen sich selbst nicht viel zu und entwickeln somit auch wenig Selbstvertrauen für die eigenen Fähigkeiten. Und durch das niedrige Selbstvertrauen resultiert die Verwunderung, warum Menschen ihnen nicht vertrauen bzw. ihre Fähigkeiten nicht schätzen. Je öfter du dich an neue Erfahrungen wagst und dich traust, umso stärker wird sich dein Charakter entwickeln und aufbauen. Traue dich heute noch etwas, was du noch nie getan hast. Sprich bspw. die Reinigungskraft an und sag ihr, dass du dankbar bist für ihre Arbeit. Du wolltest schon immer Fallschirmspringen? Buche dir jetzt noch einen Termin und mache es! Du wirst feststellen, wie dein Umfeld diese

Veränderung bemerkt und beginnt, dich anders wahrzunehmen. Auch deine Selbstwahrnehmung verändert sich dadurch. Probiere es einfach aus! Heute noch! Nur so wirst du auch Vertrauen in Andere legen. Bspw. bei dem Typen, der mit dir aus dem Flugzeug springt und für den ganzen Sprung zuständig ist. Lach.

Für den letzten Leitsatz merkst du dir folgendes: Wenn du nicht richtig zuhörst, wirst du Ratschläge verteilen, weil du das Gefühl hast, die Person ist verzweifelt und sucht einfach nur einen schnellen Rat - den du parat hast. Wenn du jedoch aktiv zuhörst, wirst du es schwer haben, zu belehren. Denn du wirst oft raushören, dass die Person gar keinen Rat, sondern nur ein offenes Ohr gesucht hat. Bevor du einen Ratschlag verteilst, der vielleicht noch einen belehrenden Unterton hat, überleg dir genau, ob die Person von dir möchte. Und wenn sie einen Rat möchte, wird sie dich höchstwahrscheinlich aktiv danach fragen. Die folgenden zwei Sätze weisen zwei Unterschiede auf:

„Mein Chef hat mich heute so sehr auf der Arbeit genervt. Ich weiß nicht, was ich machen soll!“

„Mein Chef hat mich heute so sehr auf der Arbeit genervt. Weißt du vielleicht, was ich machen sollte?“

Merkst du was? Beispiel 1 ist eine Aussage und Beispiel 2 ist eine aktive Frage an dich. Auch bei einer Frage antworte ich oft nicht direkt mit einem Rat, sondern frage die

Person selbst: „Fallen dir Optionen ein, die du machen könntest?“ Und finde so heraus, was die Person möchte. Denn oft wissen wir die Antwort schon auf unsere Fragen und möchten nur noch einmal von Bezugspersonen die Bestätigung, dass wir es durchziehen sollten.

Abschließend möchte ich noch eins anmerken: Immer, wenn wir Vorbilder für andere sind - werden wir auch zu unserem eigenen Vorbild. Denn wir können am Ende des Tages in den Spiegel schauen und unglaublich stolz auf uns sein!

TOXISCHE UNMENSCHEN & DAS MENSCHLICHE GEGENGIFT

Wie(so) du eine Resistenz entwickeln solltest

Wie(so) du eine Resistenz entwickeln solltest

> *Ein toxischer Mensch wird nie eine gesunde Beziehung führen können. Und ein gesunder Mensch wird nie eine Beziehung mit einem toxischen Menschen unversehrt überstehen..*

„Toxisch“ bedeutet grob übersetzt „giftig“ und ist eher ein Begriff, der in der Biologie oder Chemie verwendet wird. In der Psychologie findet man diesen Begriff nicht als festen, fachlichen Bestandteil. Noch nicht. Trotz dessen schwirrt genau dieser Begriff mittlerweile durch die sozialen Netzwerke und wird inflationär verwendet. Auch ich verwende ihn in meinen Textbeiträgen. Jedoch immer mit dem Hintergrund, aufzuklären und „toxische“ Merkmale aufzuzeigen. Heutzutage bezeichnet man außerhalb der Wissenschaft Menschen als „toxisch“, die „bösartig“, schlecht oder gar gefährlich für andere Menschen und vor allem wie „Gift“ für die Psyche sind. Sodass man sich durch toxische Menschen ausgelaugt, weniger wert, unterdrückt und unsicher fühlt.

Es gibt Bezeichnungen und Trends auf TikTok wie „toxic masculinity“ (toxische Männlichkeit), „toxicpeople“

(toxische Menschen) und vieles mehr. Manche dieser Trend-Hashtags wurden über eine Milliarde (!) mal genutzt.

Doch, was bedeutet das denn nun für uns? Und wenn es angeblich so viele toxische Menschen gibt, wie gehen wir mit ihnen um? Wie gehen wir für uns selbst damit um? Dass toxisch zu sein keine gute Eigenschaft ist und nicht gerade für ein qualitativ menschliches Verhalten und Sozialleben sorgt, ist klar. Ein toxischer Mensch wird nie eine gesunde Beziehung führen können. Und ein gesunder Mensch wird nie eine Beziehung mit einem toxischen Menschen unversehrt überstehen. Wichtig ist zu wissen:

a) Welche Zeichen deuten auf toxische Merkmale hin?
b) Wie löse ich mich aus toxischen Beziehungen?
c) Wie werde ich stärker gegen toxische Angriffe?

Ich gehe die drei Grundfragen zusammen mit dir durch. Du darfst dir hier gerne Notizen machen und immer wieder zurückblättern, wenn dir etwas ein- und auffällt:

a) Welche Zeichen deuten auf toxische Merkmale hin?

Hier ist es am besten, wenn du dir ein Grundverständnis und -wissen über toxische Merkmale aufbaust. Deshalb möchte ich dir einige Zeichen zeigen, die auf „giftige" Menschen hindeuten. Ich habe meine letzten knapp zehn Jahre reflektiert, mich an gewisse Menschen erinnert, meine Notizen herausgesucht, alte Texte heraus gekramt und einige Freunde angerufen, die viel „toxic shit" hinter sich haben. Das war ein Akt! Denn es gibt so viele Merkmale und Anzeichen, die in Kombination eine definitiv toxische Person ergeben. Hier sind elf Anzeichen, die mir persönlich wichtig sind und die sich so über dic Jahre aus Memoiren und meinem Freundeskreis zusammengetragen haben. Alle davon werden auch von verschiedenen Psychologen und Psychotherapeuten genannt. Natürlich gibt es noch viel mehr. Aber wie oben geschrieben: Ich finde die folgenden Zeichen essenziell und sie gelten fast alle allgemein - also nicht nur für Partnerschaften:

1. Neid: Die Person äußert sich immer kritisch und herablassend über bspw. Erfolge von dir.
2. Respektlosigkeit: Die Person achtet und schätzt dich nicht wert; dementsprechend wird sie schnell und oft ohne jegliche Grenzen respektlos.
3. Lügen: Die Person (und das geht mit Punkt 2 einher) respektiert dich nicht, in ihren Augen

verdienst du die Wahrheit nicht und deshalb lügt sie dich auch immer wieder an, ohne mit der Wimper zu zucken.

4. Demütigung: Bei fast jeder Möglichkeit versucht dich diese Person - auch vor Anderen - zu erniedrigen.
5. Ins Wort fallen: Auch hier spielt Respekt eine wichtige Rolle und trotzdem ist dieses Merkmal ein kleines, aber wichtiges Zeichen - denn die Person fällt dir während des Gesprächs ständig ins Wort und lässt dich kaum ausreden.
6. Liebe vorenthalten: Hier entzieht dir die Person bewusst die Liebe, die so selbstverständlich und wichtig für dich (und eigentlich auch deine/n Partner/in) ist, um eine Abhängigkeit zu erzeugen, die von der Person kontrolliert werden kann.
7. Kein Lob: Menschen, die nicht loben, verursachen stark toxische Frequenzen, denn sie enthalten sich bewusst der Anerkennung, die ihre Mitmenschen verdient haben.
8. Träume/Ziele ausreden: Wenn du über Ziele sprichst, dann möchten solche Personen dir „einreden", dass du es nicht schaffen wirst, es zu viel für dich wird oder dass du größenwahnsinnig bist. (Funfact: Das haben mir einige Personen vor ca. acht Jahren auch gesagt und mich ausgelacht,

als ich sagte: „Ich werde ein Buch schreiben! Und die Menschen werden es lieben!“ Nun, ich habe es einfach gemacht. Und jetzt hältst du bereits mein zweites Buch in den Händen.)

9. Lästern: Diese Personen lästern mit dir über Andere und mit Anderen über dich. Lästern an sich ist schon ein sehr negativ behafteter Akt..
10. Tatsachen verdrehen: Dieser Punkt ist von Punkt 3 zu unterscheiden, denn Tatsachen zu verdrehen ist - im Vergleich zu Lügen - eine sehr spezielle Verhaltensweise. Lügen beziehen sich auf alles im Leben, das geschieht. Die Tatsachen verdrehen diese Personen jedoch insbesondere in Bezug zu euch zwei. Angeblich hast du bspw. etwas behauptet, wovon du dir jedoch ziemlich sicher bist, dass du genau das Gegenteil gesagt hast. Und so verunsichert dich diese Person immens.
11. Unzufriedenheit: Die Person ist ständig unzufrieden mit dir, meckert wirklich an allem an dir, kommentiert jede einzelne Macke oder auch etwas Normales, wie z. B. die Ordnung deiner Schuhe im Schrank oder welche Farben du am liebsten trägst.

> *Zu Beginn der Beziehung wirst du mit Liebe überschüttet und auf ein Podest gestellt.*
> *„Lovebombing“ nennt sich das - und ist äußerst gefährlich. Denn genau dieses Gefühl willst du auch wieder haben, wenn dann der Charakterwandel zum offensichtlich toxischen Menschen kommt.*

Die Liste könnte noch viel länger sein, aber diese Zeichen reichen aus, um toxisches Verhalten zu erkennen. Wichtig, wichtig, wichtig: Ein einzelner Punkt allein macht keinen toxischen Menschen aus - es sind mehrere Punkte zusammen. Jeder Fall muss individuell betrachtet werden. Bitte laufe jetzt nicht mit dieser Liste herum und hake die Punkte im Gespräch ab, die beim Gegenüber zutreffen. Nenne auch nicht jeden „toxisch“, nur weil 1 Punkt zutrifft. Sonst muss ich echt mit dir schimpfen!

Beobachte nun deine Mitmenschen, vor allem jene, bei denen du evtl. toxisches Verhalten vermutest und hake die Liste (im Kopf!!!) ab. Bloß keinen Zettel in der Hand haben! Mit der Zeit wirst du die Zeichen kennen und erkennen, sie abgespeichert haben und geübter werden. Wer zeigt mindestens 5 toxische Merkmale in deinem Umfeld? Schon jemanden entdeckt? Es wird interessanter..

b) Wie löse ich mich aus toxischen Beziehungen?

Erst die gute Botschaft, denn es ist wichtig, diese klar und deutlich zu vermitteln: Du kannst dich IMMER aus toxischen Beziehungen lösen! Und jetzt die schlechte Nachricht, die du sicher schon kennst: Es ist (oft) verdammt schwer!

Denn der toxische Mensch ist oft erst im Nachhinein respektlos, demütigend, einnehmend und demotivierend. Zu Beginn der Beziehung wirst du mit Liebe überschüttet und auf ein Podest gestellt.

„Lovebombing" nennt sich das - und ist äußerst gefährlich. Denn genau dieses Gefühl willst du auch wieder haben, wenn dann der Charakterwandel zum offensichtlich toxischen Menschen eintritt. Denn später redet dir dein toxischer Partner vieles schlecht und egal, wie stark du bist - durch seine dauerhaften „Einflüsterungen" und seine Unzufriedenheit dir gegenüber, löst er Schuldgefühle in dir aus und dein Selbstbewusstsein löst sich auf. So wirst du immer kontrollierbarer. Nicht selten gehen toxische Merkmale mit narzisstischen Zügen Hand in Hand: Denn Kontrollsucht und dieses extreme Machtgefühl haben zu wollen, ist ein deutliches Zeichen von Narzissmus. Dazu jedoch im nächsten Kapitel mehr. Die Frage ist nun, wie befreie ich mich aus diesem Käfig?

Zwei Lösungen, um dich zu lösen, bist du schon angegangen:

1. Du hast dich nach Rat umgeschaut und dieses Buch gekauft, da du gespürt und gewusst hast, dass es dich generell in deiner Persönlichkeit weiterbringt.
2. Du hast jene Merkmale gelernt, die auf toxisches Verhalten deuten und somit die Erkenntnis gefördert, wer toxisch und wer nicht toxisch ist.

Jetzt fehlen vier weitere wichtige Punkte, die dich aus einer toxischen Beziehung befreien werden. Und dieses Gefühl wird verdammt befreiend sein! Glaub mir, ich habe es selbst erlebt: Nach über zwei Jahren, in denen ich durch extrem schwierige Phasen gegangen bin, fast jegliche Fassung verlor und am Ende nur noch 56 kg bei damals 1,78 m wog. Nachdem ich zur eigenen Abwehr selbst toxische Züge entwickelt hatte, keinen Lebensmut mehr fand und mir nichts mehr schmeckte, Freude machte oder aufschauen ließ, entwickelte ich diesen Ablauf und wandte genau folgende sechs Punkte an:

3. Du erkennst, dass nicht nur du schuld an allem bist. Dein Partner ist toxisch und kann keine Einsicht zeigen. Du schreibst dir auf, welche Schuldzuweisungen dein Partner dir gegenüber macht, argumentierst für dich auf Papier dagegen und stellst klar: „Ich bin nicht schuld!“

4. Du machst dir bewusst, dass dein Partner nicht mehr der ist, der er am Anfang war. Er ist nicht mehr dein perfektes Gegenstück. Er ist schon fast das Gegenteil von dir und dem, was du dir für deine Zukunft wünschst. Schreibe dir das auch auf: „Er ist nicht mehr der, der er mal war!"
5. Du stärkst dich selbst und findest wieder zu dir: Wer warst du früher? Wie warst du früher? Was hast du gerne gemacht? Du gehst wieder deinem Sport, deinen Hobbys oder Aktivitäten mit Freunden und Familie nach. Das gibt Halt und stärkt das Selbstbewusstsein, welches der toxische Partner systematisch zerstört hatte. Ich habe damals in den zwei Jahren keinen Kraftsport mehr gemacht und auch nicht mehr geboxt. Erst, als ich wieder zum Sport fand, merkte ich, wie viel Kraft und Mut mir das wieder gab.
6. Du entscheidest dich endgültig und schreibst es auf: „Ich beende diese Beziehung!" Und so banal das klingt. Es hat eine enorme Wirkung, diese Entscheidung zu treffen, nachdem man die fünf vorherigen Punkte durchgezogen hat. Denn diese Entscheidung ist auch der letzte Schritt. Danach solltest du alles von dieser Person löschen, aus deinen eigenen Räumen aussortieren und

gegebenenfalls sogar blockieren. Denn sonst läufst du Gefahr, dass dieser Mensch dich erneut in seinen gefährlichen Bann zieht.

Und dann ist der Spuk vorbei! Es fühlte sich für mich damals auch wie ein unglaublich schlimmer Albtraum an, aus dem ich aufgewacht war. So verrückt es auch klingen mag: Ich sah die Welt wieder mit Farben, das Essen schmeckte mir wieder, meine Freunde und Familie sahen mich strahlen und ich kam innerhalb eines Jahres wieder auf mein Normalgewicht von damals 78 kg (heute sind es einige Kilo mehr - lach!). Nicht nur das: Ich toppte auch ca. 14 Monate später alle meine sportlichen Leistungen und war wieder fit! Lass dich nicht mehr von einer toxischen Beziehung aufhalten. Du verdienst einen besseren Partner und ein besseres ich!

c) Wie werde ich stärker gegen toxische Angriffe?

Durch all diese Punkte wirst du eine Resistenz gegen toxische Menschen aufbauen: Ob anhand der Merkmale, durch die du erkennst, wer toxisch ist. Oder durch die sechs Punkte, die dich stark genug machen, um dich aus einer toxischen Beziehung zu lösen. Doch auch weitere Tipps helfen, um sich vor toxischen Angriffen im Alltag zu schützen:

- Gehe nicht auf Angriffe ein. Du kannst das meiste ignorieren! Links rein und rechts raus!
- Nicht darauf einzugehen bedeutet auch, keine Argumente zum Überzeugen zu nutzen. Du musst dich nicht immer verteidigen!
- Setze trotzdem sofort und aktiv Grenzen! Zeige auch Konsequenzen für Grenzübertritte auf und das in deutlichem und klarem Ton! Halte den Blickkontakt! Weiche nicht zurück und wähle deine Worte kurz und knapp! Verfange dich nicht in langen Erklärungen! Grenzen setzen ist vor allem beim ersten Übertritt essenziell!
- Suche dir Menschen, die dich aufbauen und fördern. Denn auch diese hast du um dich herum. Sie unterstützen dich dann in Momenten, in denen die toxische Person dich wieder „vergiftet" oder vergiften möchte. Frage sie aktiv nach Hilfe und schäme dich nicht für deine Situation!

Zum Abschluss des Kapitels möchte ich anmerken: Ich bin mir sicher, dass sich jeder Mensch aus einer toxischen Beziehung oder einem toxischen Verhältnis befreien kann. Mit der Erkennung von toxischen Merkmalen, den sechs Tipps, um eine toxische Beziehung zu beenden, und der Resistenz, die du durch die Tipps in Absatz c) aufbaust, wirst du es mit großer Sicherheit schaffen! Denn merke dir: Es gibt auch toxische Menschen im Alltag außerhalb unseres Privat- oder Liebeslebens und gegen diese müssen wir resistent werden. Sie verhalten sich zwar unmenschlich und giftig. Doch das Gegengift ist menschlich: Denn mit Verstand, Liebe zu dir selbst und Selbstvertrauen schaffst du es, sie zu besiegen!

DER NARZISST IST KEIN SCHÖNER GEGNER + SELBSTTEST

Wie du ihn erkennst, behandelst und verbannst

Wie du ihn erkennst, behandelst und verbannst

> *Der Narzisst besteht aus Eitelkeit, Selbstverliebtheit, Egoismus, Kontrollsucht und ist schädlich für sich selbst, jedoch auch für andere.*

Eines Tages ging ein junger, schöner Mann spazieren und schaute umher. Er wusste um seine Ausstrahlung, war sehr eitel und achtete auf sich selbst. Damit bloß kein Makel seine perfekte Schönheit verunstalte. Er war der begehrteste junge Mann im ganzen Umkreis und die Mädchen verehrten ihn sehr. Doch er sah keine, die schön genug für ihn war und so hinterließ er viele zerbrochene Herzen, denn er machte auch deutlich, dass er diese Mädchen „hässlich“ fand. Er war doch der Allerschönste. Und liebte seine eigene Schönheit. Mit herabschauendem Blick und einer etwas gehobenen Nase stolzierte er durch die Natur. So kam er an einem schönen klaren Fluss vorbei, beugte sich vor und sah etwas im Wasser. Oh, wie schön war der Anblick doch! Welch ein unfassbar schönes Gesicht. Die filigrane Nase, die wohlgeformten Lippen, die markanten Wangenknochen und die Haut, so schön wie Porzellan. Die Augen voller Tiefe, so sprudelnd voller Lebenslust und Hochachtung ihres Selbst. „Wie herrlich!

Mein Herz ist erobert!", jubelte der junge Mann. So kam er nun jeden Tag zu diesem Fluss und betrachtete das schöne Gesicht. Verliebt und verfallen war er diesem Anblick. Den ganzen Tag saß er da vom Morgen bis tief in die Nacht. Eines Tages jedoch, da überkam es ihn und er versuchte, dieses makellose Gesicht zu küssen. Doch er spürte nur den Fluss an seinen Lippen. Er versuchte, das Gesicht zu greifen, doch bekam bloß Wasser zu fassen. Er konnte es nicht fassen! „Oh, mein liebstes Gesicht! So lasse mich dich doch küssen!" Immer wieder griff er in den Fluss hinein, doch spürte nur Nässe. Er begann, laut zu weinen und zu schluchzen. „Wo bist du nur, liebstes Gesicht?" Er weinte bis tief in die Nacht. Voller Trauer taumelte er umher. Dann fiel er hinein, um in dem Fluss nach seiner Liebe zu suchen. Und starb. Kurze Zeit später verbreitete sich die Nachricht: Der junge Hübsche ist tot. Und genau an diesem Ort wuchs auch eine wunderschöne und sehr besondere Blume. Man nannte sie nach dem jungen Mann: Narziss.

Diese weltbekannte Geschichte über den jungen Narziss lehrt uns so einiges, doch im Kern vor allem Folgendes: Der Narzisst besteht aus Eitelkeit, Selbstverliebtheit, Egoismus, Kontrollsucht und ist schädlich für sich selbst, jedoch auch für andere. Im Fall von Narziss waren es die jungen Mädchen, deren Herzen er durch seine empathielosen Aussagen brach. Und durch seine Selbstverliebtheit, die nicht zuließ, dass er sich selbst jemals in ein Mädchen verlieben konnte - außer sich selbst. Und das ist der springende Punkt bei der Betrachtung von „Narzissmus“: Wir reden heute viel von Selbstliebe. Doch hat dir jemals jemand gesagt, dass zu viel Selbstliebe wozu führt? Richtig. Zu Narzissmus. Oder umgekehrt: Narzissmus führt zur zu viel Selbstliebe. Wir dürfen diesen Begriff und dieser Persönlichkeitsstörung, welche die letzten Jahre auf Social Media viel Hype bekommen hat, nun aus verschiedenen Facetten betrachten. Übrigens: Es gibt etwas mehr männliche als weibliche Narzissten. Jedoch sind weibliche Narzissten auch für erfahrene Psychotherapeuten schwerer zu erkennen. Wichtig: Der Narzisst ist NICHT nur männlich.

> *Viele Verhaltensweisen drehen sich im Teufelskreis, in dem sich der Narzisst befindet und darin fast wahnsinnig wird. Was man dann wiederum an seinem noch schlimmeren Verhalten bemerkt.*

In diesem Kapitel wirst du mit mir lernen, was Narzissmus wirklich ist, welche Anzeichen darauf deuten, wie du narzisstische Züge (ja, auch du hast welche, wie jeder andere Mensch auf dieser Welt auch) an dir behandelst und wie du Narzissten aus deinem Leben verbannst. Es wird wie eine Karussellfahrt auf der Kirmes. Wir werden uns viel im Kreis drehen. Aber dazu gleich mehr. Okay, let’s go!

Beginnen wir mit: Wie erkenne ich einen Narzissten und eine narzisstische Persönlichkeitsstörung? Dazu gibt es mehrere Anzeichen und mehrere Tabellen. Ich möchte dir die wichtigsten Symptome mitgeben, die auch offiziell fundiert sind. Vorsicht: Einige Zeichen stimmen auch mit toxischem Verhalten überein (siehe Kapitel 10), da narzisstisches und toxisches Verhalten sich ähneln und oft Hand in Hand einhergehen. Folgende Punkte treffen auf eine narzisstische Persönlichkeitsstörung zu:

- arrogantes/überhebliches Verhalten;
- wenig Empathie;
- Empfinden von Neid;
- Ausnutzen Anderer für eigene Ziele;
- Erwartung einer übermäßigen Bewunderung durch Andere;
- Fantasien von extremen Erfolgen (Schönheit, Ruhm, Macht und idealisierter Liebe/Sex);
- Erwartung von bevorzugter Behandlung durch Andere;
- Erwartung, dass andere automatisch auf die Bedürfnisse eingehen;
- übertriebenes Gefühl von Relevanz und Wichtigkeit der eigenen Person;

- im Glauben sein, ein sehr einzigartiger und besonderer Mensch zu sein / fühlt sich nur durch sehr angesehene Leute verstanden.

Offiziell und unter Psychologen heißt es, wenn fünf Symptome hiervon zutreffen, spricht man von einer narzisstischen Persönlichkeitsstörung. Wir müssen trotzdem - und das ist essenziell - zwischen Narzissmus und einer narzisstischen Persönlichkeitsstörung unterscheiden. Auch sind einige Anzeichen nicht klar, denn bei manchen muss man länger beobachten und schauen, wie sie sich unter Aktivierung gewisser Triggerpunkte zeigen. Du hast jedoch nicht die Erlaubnis, diese Triggerpunkte zu aktivieren! Bitte nimm dir dieses Recht auch niemals!

Auch ist die übertriebene „Selbstliebe" nicht unbedingt von Vorteil für den Narzissten, denn sie ist oft nur ein Versuch, etwas zu fühlen. Liebe zu empfinden - für sich selbst. Und die Erwartung von Bewunderung ist oft ein Schrei nach Liebe. Du merkst: Wir drehen uns im Kreis. Viele Verhaltensweisen drehen sich im Teufelskreis, in dem sich der Narzisst befindet und darin fast wahnsinnig wird. Was man dann wiederum an seinem noch schlimmeren Verhalten bemerkt. Die traurige Wahrheit ist, dass viele krankhafte Narzissten zwar sehr stark wirken, doch innerlich ständig im Zweifel ihres Selbst sind. Sie sind innerlich sehr kritikempfindlich, deshalb zeigen sie sich nach außen oft arrogant, was sie stark darstellen soll. Sie möchten extreme Erfolge, die ihnen Stabilität im Leben geben, doch ihr Selbstwertgefühl bleibt innerlich labil. Manchmal kommt es zu schweren Rückschlägen in ihrem Leben durch Niederlagen im Beruf, durch Kränkungen (verletzter, sich wehrender) Partner und Angriffen von jeder Seite. Und dann bricht diese Person zusammen. Und zwar bis zum Äußersten. Denn fast jeder zehnte Mensch mit krankhaftem Narzissmus (narzisstischer Persönlichkeitsstörung) begeht Suizid..

Warnung: Ich nenne dir zwar all diese Zeichen und die Ursachen, jedoch möchte ich dir damit NICHT sagen, dass du dich für das Wohlbefinden eines Narzissten zuständig fühlen musst! Lasse dir diese Schuldgefühle bitte niemals einreden!

Eine narzisstische Persönlichkeitsstörung tritt jedoch bei weniger als 1 % der Menschen in Deutschland auf. Einige Menschen haben mehrere narzisstische Züge oder Tendenzen. Und alle Menschen auf dieser Welt haben mindestens ein narzisstisches Persönlichkeitsmerkmal. Richtig gelesen. Auch du! Das ist an sich nicht schlimm, denn nur mehrere Merkmale zusammen ergeben eine narzisstische Persönlichkeitsstörung. Und du kannst es gleich auch selbst testen. Denn ich habe einen Selbsttest für dich.

Bist du narzisstisch?

Beantworte folgende Fragen mit 1-5 Punkten:

1 = trifft gar nicht zu
5 = trifft voll zu

1. Es fällt mir leicht, andere zu manipulieren.
2. Ich weiß, dass ich gut bin, weil ich das gesagt bekomme.
3. Ich werde einmal ein bedeutender Mensch sein.
4. Ich bin fähiger als andere Leute.
5. Ich bin ein außergewöhnlicher Mensch.
6. Ich habe einen starken Machtwillen.
7. Ich halte mich selbst für eine ausgezeichnete Führungspersönlichkeit.
8. Ich erteile anderen gerne Anweisungen.
9. Ich werde einmal ein erfolgreicher Mensch sein.
10. Wenn ich die Welt regieren würde, wäre sie ein angenehmer Aufenthaltsort.

Beantworte nun diese Fragen und trage eine Zahl von 1 bis 5 ein:

1.______________________________

2. ______________________________

3. ______________________________

4. ______________________________

5. ____

6. ____

7. ____

8. ____

9. ____

10. ____

Nun rechne die Zahlen, die du eingetragen hast, zusammen. Schreibe die Zahl hier auf:

____

10 Punkte: keine bis sehr leichte narzisstische Züge

11-30 Punkte: leichte narzisstische Züge

31-40: mittelstarke narzisstische Züge

41-50: stärkere narzisstische Züge

Solltest du 10 Punkte haben, hast du keine relevanten narzisstischen Merkmale. Bei 11-30 Punkten sind leichte narzisstische Züge erkennbar. Das ist ganz normal. Die meisten Menschen landen auch ungefähr in diesem Bereich. Bei 31-40 Punkten weist du mittelstarke narzisstische Züge auf. Auch hier ist es nicht problematisch, wenn du dir dessen bewusst bist und daraus positive Tendenzen ziehst. Bspw. kann hoher Ehrgeiz zwar ein narzisstischer Zug sein, aber nicht krankhaft abdriften. Bei 41-50 Punkten weist du stärkere narzisstische Züge auf und solltest dich damit beschäftigen. Erkenne diese Zahl als ungefähre Einschätzung und nicht als Diagnose an. In diesem Fall solltest du ein unverbindliches Gespräch beim Psychotherapeuten aufsuchen.

> *Der Narzisst nagt an deinem Selbstbewusstsein und Selbstwertgefühl und versucht, beides systematisch zu senken.*

Wie behandelst du jetzt narzisstische Züge an dir, die dich stören, aber nicht krankhaft sind? Hier muss auch gesagt sein: Eine narzisstische Persönlichkeitsstörung - also krankhaft - kann laut aktuellem Stand nicht behandelt, aber gemildert werden. An narzisstischen Zügen bei gesunden Menschen jedoch kann man arbeiten. Gewisse narzisstische Eigenschaften sind dennoch von Vorteil - wie oben erwähnt -, deshalb solltest du dir im Klaren sein, welche Verhaltensweise du an dir als störend empfindest und was du verändern möchtest. Frage auch gerne in deinem Umfeld nach, was sie an dir stört oder als negativ auffällt. Bist du nach dieser Umfrage sehr gekränkt und verletzt, haben wir schon einen Punkt, an dem du arbeiten darfst: Deine Kritikfähigkeit.

Wende folgende vier Techniken an, die ich selbst einsetze, um generell an meiner Persönlichkeit zu arbeiten:

1. Äußere dein Anliegen klar und deutlich: Sprich nicht um den heißen Brei herum! Statt zu sagen: „Eigentlich geht es mir darum, dass ich vielleicht deinetwegen nicht wirklich.. Naja, unsere Beziehung. Du weißt schon. Nein, ich weiß nicht, ob wir daran was ändern sollten." Sprich wie folgt: „Ich bin nicht glücklich. Und eine Ursache dafür ist das aktuelle Verhältnis unserer Beziehung. Ich möchte, dass wir etwas daran ändern!"
2. Zeige deine verletzliche Seite: Fürchte nicht, verletzt zu werden. Sie können dich enttäuschen, aber nicht auslöschen! Formuliere deine Aussagen keinesfalls wie folgt: „Du bist böse, wenn du auf mir rumhackst!" Formuliere dich lieber in der Ich-Form und mit offenen Emotionen, ohne den anderen anzugreifen: „Ich fühle mich verletzt und es macht mich traurig, wenn ich wiederholt solche Worte gesagt bekomme. Bitte übertrete diese Grenze nicht noch mal!"
3. Übe Kritik: Denk daran, was dich die letzten Monate verletzt hat, was Andere an dir kritisiert haben - stelle dich vor den Spiegel und kritisiere dich

damit selbst. Was soll passieren? Du bleibst trotzdem du selbst. Du gehst dadurch nicht unter. Du verlierst dadurch nicht an Wert. Und du kannst vielleicht sogar daran wachsen, wenn es konstruktive Kritik ist.

4. Liebe dich wirklich: Du darfst eins erkennen und es wird dich verändern. Wenn du dich selbst wahrhaftig liebst, wird es IN dir sein. Nicht nach außen hin! Das heißt: Du liebst dich selbst im Inneren und musst dich nicht nach außen hin beweisen, dass du dich selbst liebst! Beschäftige dich mit deiner Innenwelt und du wirst merken, wie irrelevant die Außenwelt und deren Wirkung für dich wird. Probiere die „Ich bin mit mir-Reise“ aus: Setze dich hin, schließe die Augen, atme ruhig und tief an einem ruhigen Ort und begegne dir selbst in deiner Vorstellung. Stelle dir dabei deinen Lieblingsort vor. Kleide dein „Ich“, dem du begegnest, in deinem Lieblingsoutfit und mit dem tollsten Lächeln, welches du hast! Lächle dich an, umarme dich und sage dir, dass du stolz auf dich bist. Sage dir selbst, dass du ein starker Mensch bist und dich selbst magst. Dann verabschiede dich herzlich und öffne langsam die Augen wieder. Diese Übung kannst du jeden Morgen nach dem Aufwachen praktizieren und

du wirst einen wunderbaren Start in den Tag haben.

Übe und beachte diese vier Techniken und du wirst merken, welch einen positiven Einfluss sie auf dich haben.

Wie verbannst du jedoch einen Narzissten aus deinem Leben?

Narzissten beherrschen die „Kunst" der Manipulation oft hochgradig gut. Auch hier stimmen viele Tipps mit den Tipps zu toxischen Menschen überein. Ich möchte dir trotzdem spezifisch für den Kampf gegen den Narzissten einige Punkte mitgeben, die du beachten und ausführen darfst:

- Lass dich nicht manipulieren: Achte auf Versuche, Gefühle und Trigger in dir auszulösen, achte auf Stimmungsschwankungen, achte auf Geschenke und wie diese gemeint sind, achte auf Worte im Streit. All das wird dir zeigen, wann der Narzisst versucht, dich zu manipulieren
- Stärke dein Selbstbewusstsein: Der Narzisst nagt an deinem Selbstbewusstsein und Selbstwertgefühl und versucht beides systematisch zu senken. Sprich dir selbst Mut zu, führe die

„Rendezvous mit dir selbst-Reise" aus und du wirst stärker werden.

- Lobe nur in Maßen: Narzissten lieben es, gelobt zu werden und steigern sich da auch hinein. Lobe deshalb nur so viel wie nötig, aber vermeide es nicht ganz.
- Setze Grenzen: Lasse nicht zu, dass der Narzisst ständig seine Grenzen austestet und diese bei dir ohne Konsequenzen übertritt. Setze sofort Grenzen und zeige auch die Konsequenzen auf. Bspw.: Der Narzisst wird bei jeder Diskussion extrem laut und beleidigend. Du sagst ihm: „Ich möchte, dass du weder laut noch beleidigend wirst. Das finde ich verletzend. Wenn du das weiterhin machst, werde ich die Verabredung verlassen und mich erst mit dir unterhalten, wenn du es in einem normalen und respektvollen Ton weiterführen möchtest." Viele Narzissten sind aufgrund ihres Charismas und ihrem vermeintlich dominanten Auftreten nicht gewohnt, Widerworte und Konsequenzen zu bekommen. Aber wenn du konsequent bleibst, wirst du ihn auch langsam, aber sicher auf Distanz bekommen.

- Handle rationaler durch Entspannungstechniken: Der Narzisst schafft es, dich emotional zu machen. Emotion mindert die Intelligenz. Deshalb handelst du doofer als du eigentlich bist. Nutze die 3x3-Atemtechnik aus Kapitel 5, um in solchen Momenten die emotionale Handlungs- und Gedankenkette zu unterbrechen. Das tiefe und wiederholte Durchatmen wird dich kurz aus der Situation herausholen und dir ermöglichen, über der Situation zu stehen. So wirst du rationaler handeln können und der Narzisst verliert langsam, aber sicher die Macht über dich..
- Entscheide dich für die Trennung: Nehme dir aktiv und bewusst vor, dass du dich trennen möchtest, wende die vorherigen Punkte regelmäßig an, bevor du diesen Schritt machst. Denn danach kommt der intensivere Teil: Du sagst dem Narzissten, was deine Entscheidung ist! Und dabei bleibst du.
- Lasse keine Kontaktversuche mehr zu: Sei konsequent und blockiere diesen Menschen überall. Sollte dies aufgrund von Kindern bspw. nicht möglich sein, ziehe dir eine beste Freundin oder jemanden als dritte Person heran, der dir

nahe steht und dem du wichtig bist. Vor allem, wenn es um Kontakt mit dem Narzissten geht. Selbst wenn diese Vertrauensperson nur anwesend sein soll, weil ihr z. B. die Kinder voneinander abholt. Solltest du absolut keinen Kontakt mehr wollen, kann auch die Vertrauensperson den Kontakt mit dem Narzissten „pflegen", um wichtige Angelegenheiten abzuklären, die unumgänglich sind.

- Finde wieder zu dir selbst: Eine Beziehung mit einem Narzissten kann sehr anstrengend sein. Viele Menschen verlieren während dieser Zeit den Bezug zu sich selbst, zu ihrer Familie und ihren Hobbys etc. Deshalb darfst du jetzt wieder das machen, was du vermisst hast und was du nicht machen konntest, weil der Narzisst den Fokus immer nur auf sich haben wollte. Gehe joggen, genieße die Natur, verreise, triff dich wieder mit Freunden und Familie. Genieße das Leben und liebe das Leben so schön, dass du dich selbst im Spiegel betrachten und stolz auf dich sein kannst!

Wie du gemerkt hast, ist Narzissmus und die narzisstische Persönlichkeitsstörung viel komplexer als auf Social Media dargestellt. Ich hoffe, mit diesem Kapitel konnte ich einiges aufklären und auch weitere Facetten der ganzen Thematik zeigen. Nicht nur das Abstempeln des „Narzissten“ als den Bösen, sondern auch die Ursachen, Behandlungsmöglichkeiten und der Umgang mit jenen Personen. Behalte dir immer im Herzen: Du bist wertvoll, du bist stark und du bist ein ehrlicher Mensch! Außerdem bist du immer besser als die Angriffe und Erniedrigungen, die vom Narzissten kommen. Lass dich nicht schlecht und auch nicht kleinreden! Halte den Kopf hoch, bleib stark und traue dich, loszulassen! Ich weiß, du schaffst das! Und wenn du das geschafft hast, kannst du verdammt stolz auf dich sein!

MIT DIR SELBST BIST DU NIE ALLEIN

Warum Alleinsein dich weiterbringt

Warum Alleinsein dich weiterbringt

> *Viele flüchten vor ihren Problemen in die Menschenmassen. Sie haben Angst vor dem Alleinsein, denn die Gedanken werden lauter, wenn es still um sie herum ist. Deshalb muss die Musik laut sein, die Party noch lauter und es müssen viele laute Menschen um sie herum sein.*

Ein sehr weiser Mann sagte einst: „Einsamkeit ist besser als die Gesellschaft schlechter Menschen."

Und auch ich habe gelernt, dass es im Umkehrschluss wirklich nicht gut ist, wenn man von vielen Menschen umgeben ist, sich innerlich jedoch allein fühlt. Denn dein Herz und Verstand werden erst im Einklang sein, wenn du dich wirklich intensiv mit dir selbst beschäftigst - und das geht nur allein!

Eins ist trotzdem nicht auszuschließen: Wir Menschen sind soziale Lebewesen. Wir sind keine Einzelgänger. Auch, wenn einige Individuen stark dazu neigen, alles im Alleingang schaffen zu wollen. Doch dies ist ein Trugschluss und andererseits auch ein Thema für sich..

In diesem Kapitel möchte ich mit dir auf einige interessante Punkte eingehen, von denen du einige sicher schon kennst. Und andere Punkte, bei denen du dich fragen wirst, warum du sie noch nicht kennst.

Zuerst solltest du dir folgende Fragen stellen und diese mit einer Zahl von 1 bis 100 (1 = niedrigste Zustimmung; 100 = höchste Zustimmung) beantworten:

1. Wie sehr liebe ich es, allein zu sein?
2. Wie sehr liebe ich es, mit Menschen zu sein?
3. Wie sehr freue ich mich über eine Einladung (bspw. zu einem Geburtstag)?
4. Wie erleichtert bin ich, wenn mich jemand auslädt (bspw. von einem Geburtstag)?

Trage die Zahlen nun hier ein:

1.____________________________________

2. ____________________________________

3. ____________________________________

4. ____________________________________

5. ____________________________________

Rechne die Zahlen aus der Antwort von Frage 1 und 4 zusammen und teile sie durch zwei.

Rechne zudem die Zahlen aus der Antwort von Frage 2 und 3 zusammen und teile dieses Ergebnis ebenfalls durch zwei.

Die Ergebnisse beider Doppelfragen stellen eine Prozentzahl dar. Hast du zum Beispiel bei der Frage 1 und 4 insgesamt 80 Punkte (1: 50 P. / 4: 30 P.) und bei den Fragen 2 und 3 insgesamt 150 Punkte (2: 80 P. / 3: 70 P.). Das heißt, du rechnest: 80:2 = 40 %. Und 150:2 = 75 %.

Das Resultat von Frage 1 und 4 deutet auf deine Eigenschaft hin, dass du es genießt, auch mal allein zu sein. Je höher deine Prozentzahl (+ 60 %) ist, umso eher trifft Folgendes auf dich zu: Du bist jemand, der sich auch gerne mal allein einen schönen Abend auf der Couch macht, sich etwas bestellt und gerne allein einen Film schaut. Beim Sport kannst du überwiegend als Einzelkämpfer aktiv sein. Beispiele sind: Boxen, Squash, Tennis, Joggen, Home-Work-outs, Yoga oder Schießen. Du magst die Ruhe, die du hast, wenn du nur mit dir selbst bist. Auch kannst du höchstwahrscheinlich allein reisen, wenn du ganz ehrlich zu dir selbst bist. Manchmal fällt es dir jedoch schwer, dich anzuknüpfen und mit anderen zu connecten. Achte jedoch darauf, dass du gelegentlich auch nahe Freunde zu dir einlädst oder mit ihnen ausgehst. Lerne neue Leute kennen – dich selbst kennst du schon relativ gut, doch von Anderen lernst du vereinzelt auch etwas für dich.

Das Resultat von Frage 2 und 3 deutet auf deine Eigenschaft hin, dass du es genießt, unter Leuten zu sein (auch hier ist die Prozentzahl wichtig; + 60 %). Du bist gesellig, triffst dich gerne mit Freunden, gehst gerne etwas essen oder unternimmst auch gerne Freizeitaktivitäten – am liebsten zusammen mit deinen Liebsten. Geht es um Bewegung, liebst du Teamsport. Beispiele sind: Fußball, Volleyball, Hockey oder Basketball. Du bist auch eher sichtlich genervt, wenn Freunde einen Abend, den ihr zusammen geplant habt, absagen. Am Wochenende Zuhause sitzen zu müssen, klingt für dich nach einem Albtraum. Und darauf solltest du achten: Vergiss nicht, dich um dich selbst zu kümmern und etwas „Me-Time" – also Zeit für dich selbst – einzuplanen, um auch mal herunterzukommen. Um auf deine innere Stimme zu hören und dich selbst kennenzulernen. Nicht nur Andere. Vergiss dich selbst nicht!

Im Optimalfall sollten sich diese beiden Prozentzahlen ausgleichen - sprich ungefähr 100 % ergeben. Dann bist du weitestgehend als Person ausgeglichen. Selbstverständlich sagt ein solch kurzer Test nicht alles über deine Persönlichkeit aus, denn ein Mensch hat viel mehr Facetten zu verschiedenen Lebensphasen. Also ist deine Persönlichkeit immer im Wandel. Es kann sein, dass aktuell die Alleinsein-Person in dir stärker ist, in sechs Monaten jedoch die gesellige Person stärker aus dir herauskommt.

Gesellschaft ist etwas Schönes. Mit Freunden sein ist etwas Schönes. Mit Familie zu sein ist etwas Schönes. Auch eine Party, eine Bar oder ein Festival/Event ist etwas

Schönes. Unter Menschen zu sein gibt uns ein Zugehörigkeitsgefühl. Es gibt uns ein Gefühl von Sicherheit. Überleg mal: Hast du mit Freunden mehr Angst im Dunkeln oder wenn du ganz allein bist? Okay, wenn ich ein Freund von dir wäre, hättest du wahrscheinlich mit mir mehr Angst als allein - denn ich erschrecke gerne.

Abgesehen davon sind soziale Kontakte absolut wichtig für unser Gehirn. Es baut umfangreichere Strukturen auf, baut langsamer im Alter ab und bleibt somit länger leistungsfähig und aktiv. Auch der Austausch auf Fremdsprachen fördert unsere Gehirnleistung extrem. Deshalb empfehle ich das Reisen als mentale Heilung immer wieder: Pack dir deine Koffer und reise zu einer fremden Kultur. Unterhalte dich dort mit Menschen, iss das regionale Essen, lerne die Traditionen kennen, erkenne die Philosophie des dortigen Volkes und du wirst mit neuen Erkenntnissen und einem veränderten Gehirn zurückkommen.

Und Gesellschaft lenkt ab. Viele flüchten vor ihren Problemen in die Menschenmassen. Sie haben Angst vor dem Alleinsein, denn die Gedanken werden lauter, wenn es still um sie herum ist. Deshalb muss die Musik laut sein, die Party noch lauter und es müssen viele laute Menschen um sie herum sein. Damit sie sich nicht mit der Stimme beschäftigen müssen, die in ihnen ist und nach ihnen ruft.. Die ihnen Fragen stellt. Die Antworten erhalten möchten.. Diese Stimme wird niemals verschwinden, bis du ihre

Fragen beantwortest. Denn diese Stimme ist fast immer dein inneres Kind. Und dieses innere Kind ist wie jedes andere Kind auch: Es stellt Fragen, wenn es überrascht, verwirrt, verletzt oder verängstigt ist. Und es hört nicht auf, bis du ihm eine zufriedenstellende Antwort gibst, ihn umarmst, dich um ihn kümmerst und ihn heilst. Du kannst nicht vor etwas flüchten, was bis zu deinem Lebensende in dir ist! Das ist so, als ob du versuchen würdest, vor deinem Herzschlag zu flüchten. Dein Herzschlag ist da. Wenn du ruhig liegst und die Hand auf deine Brust legst, kannst du ihn spüren. Auch deinen Puls kannst du an verschiedenen Stellen deines Körpers mit Konzentration spüren. Und du kannst ihn nicht abstellen. Also lebst du damit und bist dankbar, dass es ihn gibt. Genauso ist es mit deinem inneren Kind. Du bist nur solange glücklich und mental gesund, wie dein inneres Kind auch leben, lachen und fragen darf. Viele Erwachsene wissen gar nichts davon und fragen sich jahrelang, woher diese Stimme, diese innere Unruhe und ihre erhöhte Reizbarkeit kommt..

Ich möchte, dass du dein inneres Kind kennenlernst: Es gibt dir alle möglichen intensiven Gefühle wie extreme Freude, herzliches Lachen, große Neugier, aber auch tiefen Schmerz, Wut und Rachsucht. Dein erwachsenes Ich hingegen ist ziemlich reflektiert, rational und gemäßigt. Stelle dir dein inneres Kind wie dein Ich als Kleinkind vor.

Sieh dir auf Fotos an, wie du aussahst oder erinnere dich an dein Spiegelbild als Kind. Dieses kindliche Ich möchte dir nun etwas mitteilen: Sei es, dass es sauer darüber ist, dass du dich in deiner Beziehung so schlecht behandeln lässt. Weil es sich noch ganz genau daran erinnert, wie du immer ein glücklicher Mensch sein und eine Beziehung voller Liebe führen wolltest. Sei es, dass es sich extrem darüber freut, dass du wieder mit deiner Familie zusammensitzt, weil es noch die Erinnerungen aus der Kindheit kennt, als ihr alle zusammen unbeschwert gelacht habt. Während du dir bei jedem Familientreffen denkst: „Oh nein, das gibt wieder Streit. Mama wird wieder nerven. Papa wird wieder seine Diskussionen beginnen und meine Geschwister haben auch ihre Macken." Dein inneres Kind freut sich einfach nur. Oder sei es die Arbeitskollegin, die dein inneres Kind nicht mag, weil sie dich letztens vor allen gedemütigt hat und es sich jetzt bei ihr rechen möchte. Es möchte dir vieles sagen. Du solltest nur zuhören. Nimm dir jeden Tag 5x5 Minuten, um innezuhalten und genau dieser Stimme zuzuhören. Und genau deshalb ist auch Alleinsein so wichtig: Wenn es ständig laut um dich herum ist, wirst du diese 5x5 Minuten nie durchziehen. Ziehe dich morgens und abends in deinem Zimmer zurück. Tagsüber kannst du das im Auto machen, kurz im Bad, auf dem Klo oder einfach im Büro. Richte dir deine festen Punkte ein, die du zu Ruheinseln machst. Das sind Orte, die du nur für dich allein hast und die dir Ruhe geben. Sei es dein Bett morgens oder nachmittags eine Ecke im Raum, die du angenehm findest. Die verschiedensten Menschen haben die verschiedensten Ruheinseln. Dem sind keine Grenzen gesetzt. Wähle nun fünf Orte aus, die du magst, und schreib sie folgend auf:

1. ______________________________
2. ______________________________
3. ______________________________
4. ______________________________
5. ______________________________

Gut gemacht! Fahren wir fort. Du darfst dir gerne an diesem Punkt auch sagen: „Ich darf *Ich* sein. Ich bin stark. Ich bin liebenswürdig."

> *Sprich zu deinem inneren Kind und höre ihm zu. Es hat dir viel zu erzählen. Denn viele Jahre sind seit eurem letzten gemeinsamen Treffen vergangen.*

Die Alleinsein-mit-dem-inneren-Kind-Gedankenreise:

Hier scannen!

Setze dich hin, schließe die Augen und atme ruhig und tief. Spüre, wie mit jedem Atemzug erst deine Hände und dann deine Arme angenehm schwerer werden. Mit den nächsten Atemzügen werden erst deine Füße, dann deine Beine angenehm schwerer. Du fühlst dich wohl und beginnst deine Gedankenreise. Reise in deiner Vorstellung zu einem schönen Ort, der dir am besten gefällt und genieße dort die Luft, die Umgebung und deine Anwesenheit. Vertraue auf dein Inneres und horche der Stimme, die dir mehr sagen möchte. Sieh dich um und orientiere dich. Höre, woher sie kommt. Lass dich von ihr leiten und folge ihr mit vollem Vertrauen. Laufe ihr ruhig entgegen. Je näher du ihr kommst, umso besser erkennst du langsam den Umriss deines inneren Kindes vor dir stehen. Es ist dein kindliches Ich. Schritt für Schritt lauft ihr euch langsam und gemütlich entgegen. Nichts macht dir Zeitdruck und nichts kontrolliert dich in dieser Vorstellung mit deinem inneren Kind. Alles ist auf deinen Wunsch hier entstanden und belebt worden. Beuge dich herunter, bis du dich auf Augenhöhe mit deinem inneren Kind befindest und siehe, wie es dich anlacht. Es hat deine Gesichtszüge, deine Augen, dein Lächeln und deine wundervolle Art. Es strahlt, weil es dich lange nicht gesehen hat. Es umarmt dich liebevoll und du umarmst es auch. Du spürst, wie reine Liebe und Wärme in dir aufkommt und du darfst deinen Gefühlen freien Lauf lassen: Ob du weinst, lachst oder einfach nur ruhig diesen Moment genießt. Du darfst die Zeit für euch beide nutzen. Setzt euch gemütlich hin. Sprich zu deinem inneren Kind und höre ihm zu. Es hat dir viel zu erzählen. Denn viele Jahre sind seit eurem letzten gemeinsamen Treffen vergangen. Was möchte es wissen? Was möchte es dir sagen? Welche Menschen liebt es um dich herum? Und bei welchen Menschen hat es Bedenken? Wie stolz ist es auf dich? Und welche Eigenschaften an dir möchte es ändern? Es wird dir aus reinem Herzen die pure Wahrheit erzählen. Du darfst gerne auf dein inneres Kind hören und dir merken, was es fühlt. Die Entscheidung liegt bei dir, was du für euch beide in Zukunft unternimmst. Nachdem ihr miteinander gesprochen habt, darfst du es nun erneut umarmen. Sprich deinem inneren Kind ins Ohr: „Ich bin da für uns. Ich passe auf dich auf. Ich liebe dich." Lasse dir Zeit und verabschiede dich liebevoll mit den Worten: „Ich werde dich öfter besuchen. Versprochen." Winke noch einmal und spaziere jetzt zurück zu dem Ort, an dem du angekommen bist. Du fühlst dich gut, du fühlst dich geliebt und du fühlst dich lebendiger als je zuvor. Schritt für Schritt kehrst du indessen zurück: Du steigst langsam auf, siehst den Ort unter dir immer kleiner werden. Du fühlst dich sicher und stark. Bis du langsam und entspannt wieder an dem Ort ankommst, an dem du dich gerade befindest. Zu deiner Ruheinsel. Du atmest weiterhin tief und ruhig. Langsam spürst du, wie deine Beine, Arme und dein ganzer Körper mit jedem Atemzug wieder leichter werden.

Öffne jetzt langsam - in einer angenehmen Zeit - die Augen und komme im Raum an. Nimm alles um dich herum wahr. Lächle zufrieden und genieße die Gefühle und Erkenntnisse dieser Gedankenreise zu deinem inneren Kind. Fühl dich geliebt und geschätzt. Du hast es geschafft und kannst stolz auf dich sein. Diese Gedankenreise zu deinem inneren Kind darfst du jederzeit und auf deinen eigenen Wunsch wiederholen.

Sei allein und erkenne, was die Stimme dir sagen möchte. Du wirst mehr über dich lernen, deine eigenen Schwächen und Stärken erkennen und auch dich selbst besser fühlen können. Dies ist kein Hinweis darauf, sich in seinem Zimmer zu verstecken, sondern in seinem eigenen Gedankenschloss zu sein und etwas über sich selbst zu lernen. Flüchte nicht davor, denn du kannst um die ganze Welt rennen und dein inneres Kind wird trotzdem nicht weggehen. Weil es in dir drin ist. Deshalb gehst du in deine Innenwelt und begegnest deinen Ängsten, Bedenken, deiner tiefsten Freude und deinem inneren Frieden.

Starte noch heute. Du verdienst es, zutiefst glücklich zu sein.

DER DURCHSCHNITT EINES KREISES

Wieso du die Gesellschaft um dich herum weise wählen solltest

Wieso du die Gesellschaft um dich herum weise wählen solltest

> *Ohne meine Mutter wäre ich heute niemals der Mensch, der ich bin, und wäre in einem sehr negativen Mindset versunken..*

Wie alt waren wir, als wir merkten, dass unsere Eltern uns den Grundstein für unsere Misserfolge oder auch unseren Erfolg gelegt haben? Und wie alt waren wir, als wir erkannten, dass der Freundeskreis oder einige Freunde unserer Jugend definitiv nicht gut für uns waren? Wie alt waren, als wir merkten, dass der Mensch, den wir damals liebten, uns viel mehr runterzog, statt aufzubauen?

Und wie alt bist du jetzt, wo du lernst und merkst, dass du immer der Durchschnitt dieser Personen bist, die dich in der meisten Zeit umgeben?

Eine Geschichte aus meinem Leben, die nicht allzu lange her ist: Im Jahr 2020 gründete ich mit zwei Geschäftspartnern - nennen wir sie einfach Udo und Zlatan - ein E-Commerce-Unternehmen. E-Commerce bedeutet simpel gesagt: Der Verkauf im Internet. Wir investierten unser Erspartes in eine GmbH und gaben richtig Gas. Zudem mieteten wir uns ein Büro mit einer wunderschönen Dachterrasse, stellten drei Schreibtische und drei Computer/Laptops mit jeweils zwei Bildschirmen auf und arbeiteten von Tag bis Nacht. Nun ja, ich arbeitete von Tag bis Nacht. Mein Geschäftspartner Zlatan auch. Udo war der Älteste, er hatte eigentlich schon erreicht, was er erreichen wollte. Deshalb war er auch der Faulste. Lach! Zlatan war noch hungrig und gab mit mir zusammen Gas. Wenn ich morgens um

9 Uhr ins Büro hereinkam, saß er bereits seit 8 Uhr im Büro und war am Arbeiten. Wenn er um 21 Uhr aus dem Büro ging, saß ich noch bis 23 Uhr da und war am Arbeiten. Dann erledigte ich noch nebenbei meine eigenen Aufgaben: Ich verschickte Bestellungen aus meinem Onlineshop[1] und erstellte noch die Postings für Instagram und Facebook, ich streamte auf Twitch dreimal die Woche und lernte zudem für die Uni. By the way - ich bin für Ernährungswissenschaften an der Justus-Liebig-Universität in Gießen eingeschrieben. Jedenfalls hatte ich so viel um die Ohren, aber hatte ebenso ein Ziel vor Augen: Ich wollte etwas Großartiges aufbauen, meine Mutter und mich aus dem Block holen und „Sie“ zur Ruhe setzen. Dass das „Sie“ großgeschrieben ist, ist kein Fehler. Ich mache das aus Respekt zu „Ihr“, da „Sie“ mir viel über das Leben, die Weltoffenheit, Kulturen,

[1] www.kianimus.de

Persönlichkeitsentwicklung und Bildung beigebracht hat. Ohne meine Mutter wäre ich heute niemals der Mensch, der ich bin und wäre in einem sehr negativen Mindset versunken.. Also arbeitete ich wie verrückt, ich sog alles auf, was mir meine Geschäftspartner über „Business" erzählten.

Eines Tages saß ich mit Udo und Zlatan im Büro und wir hatten gerade Mittagspause gemacht. Es gab asiatisches Essen. Zlatan war sportlich unterwegs und hatte irgendetwas Trockenes mit Reis und Soja-Gemüse bestellt. Udo und ich hatten uns im Gegenteil ein frittiertes, knuspriges Gericht mit Reis und Erdnusssoße gegönnt. Jetzt tranken wir unsere Softdrinks. Udo jedoch sein Light-Getränk. Er nahm einen großen Schluck, setzte die Dose ab und machte ein erleichtertes Geräusch, das sich so anhörte: „Gü!"

Das machte er irgendwie immer nach einem großen Schluck Light-Cola. Jedenfalls kam das Gespräch auf, dass wir einen neuen Onlineshop eröffnen wollten, da das Weihnachtsgeschäft anstand. Bisher betrieben wir einen Shop für Beautyprodukte. Auf meinen Wunsch hatten wir uns darauf geeinigt, einen Teil des Umsatzes vom Beautyshop für die Bildung junger Frauen in ärmeren Ländern zu spenden. Die beiden verstanden meinen sozialen Ansatz nicht so, aber kamen dem nach, da wir uns von Anfang an geeinigt hatten, alle geschäftlichen

Entscheidungen auf Augenhöhe zu treffen und auch dem Wunsch des Einzelnen nachzukommen. Jetzt wollten wir auch Geschenkartikel für Weihnachten verkaufen. Udo sagte aus dem Nichts laut und aufgedreht: „Wie sieht's denn aus jetzt? Wie soll der Shop heißen, ihr Verrückten?" Er hatte eine komische Art zu sprechen, bei der er das „r" sehr lange rollte. Manchmal war er hyperaktiv und lustig, dann plötzlich tief in sich gekehrt und ruhig. Ich starrte ihn schweigend an, um ihn zu verwirren. „Sag doch mal jetzt, Herr Kiani." Zlatan antwortete genervt: „Du hast doch selbst keine Ahnung, du fauler Sack." Alle lachten.

Du lachst schon!

Unser Verhältnis war ziemlich locker und teils familiär - so konnte man auch lange miteinander sitzen, ohne sich in die Haare zu kriegen. Wobei ich nicht sagen kann, dass das nie passiert sei. Lach! Udo entwich ein kleiner Rülpser beim Lachen. Wahrscheinlich durch die viele Luft, die er bei seinen riesigen Schlücken einatmete. Und dann noch die Kohlensäure der Cola. Puh.. Naja. Irgendwann sagte ich: „Udo, was verbindest du denn mit Weihnachten? Woran denkst du automatisch, wenn du das Wort hörst?" Ich nahm das Ganze immer sehr ernst. Seine Antwort war: „Keine Ahnung, ich habe noch nie Weihnachten gefeiert. Ah, doch warte.." Zlatan und ich sahen uns an. Dann sahen wir zu Udo. Er dachte bestimmt nicht nach. Er baute einfach nur Spannung auf. Übrigens ist Spannung etwas, was ich durch ihn gelernt habe. Einige Sekunden später meinte er grinsend: „Dubai! Ich verschwinde jedes Jahr an Weihnachten nach Dubai. Hier ist es mir zu kalt." Zlatan lachte sich kaputt. Ich legte die Hände vor mein Gesicht und seufzte. Manchmal hatte ich das Gefühl, ich säße mit zwei Kindern in diesem Büro. Trotz dessen kamen wir irgendwann an diesem Mittag auf einen Namen, setzten uns an unsere Schreibtische und arbeiteten. Udo ging zwar schon um 14:30 Uhr, aber okay. Wir legten einen Design-Stil und die Hauptfarben fest, entwarfen Logos, bauten den Shop auf, pflegten die Impressumstexte und Produkte ein, machten Fotos und setzten die Werbeanzeigen auf. Das dauerte bis in die Nacht hinein. Um genau zu sein: bis 3 Uhr nachts. Der Shop lief, am nächsten Abend konnten wir bereits einen großartigen Umsatz verzeichnen und meine Gedanken sagten: „Juhu, die Menschen freuen sich. Wir haben ihnen gute Produkte zu guten Preisen geliefert. Und deren Weihnachten wird großartig." Das war aber ein Fehldenken. Denn mit der Zeit fand ich heraus, dass die Produkte nicht qualitativ genug und dafür die Preise sehr hoch waren, die Lieferzeit zu lange dauerte und die Mädchen aus den ärmeren Ländern unsere Spende nur ein- bis zweimal bekommen hatten.. Das machte mich fertig. Ich verzichtete seit Monaten auf einen Lohn, damit unser Unternehmen wachsen konnte, obwohl es gute Umsätze im höheren 5-stelligen Bereich erzielte. Um direkt zu sein: Ich arbeitete in diesem Unternehmen für 0 €. Und das war okay für mich. Die Vision war es wert. Eigentlich. Bis ich realisierte, was wirklich abging. Ich verließ das Business. Ich stieg aus. Ich wollte das meinem Gewissen nicht antun. Anfangs dachte ich mir: „Ich habe so viel Zeit, Energie und Geld in diesem Unternehmen verloren." Doch je mehr ich mich wieder auf meine eigene Arbeit konzentrierte, desto mehr merkte ich, wie viel ich eigentlich in dieser Zeit gewonnen hatte: Ich hatte für mich selbst gelernt, egal, wie hoch die Umsätze auch sein würden, ich könnte und würde den sozialen Aspekt und die soziale Verantwortung als Unternehmer niemals vergessen! Ich hatte auch gelernt, wie man ein Unternehmen gründet, aufbaut, Mitarbeiter führt bzw. nicht führt, weil ich von Udo gelernt bzw. abgeguckt hatte, wie man es nicht macht. So wusste ich, wie man es wahrscheinlich richtig macht. Ich hatte gelernt, wirtschaftlich zu denken und meinen Horizont zu erweitern.

Ich hatte gelernt, wie man als Unternehmer Probleme für Menschen löst und ihnen so einen Vorteil im Leben verschafft. Und dabei selbst profitieren und wachsen kann. Aktiv brachten sie mir zwar nichts bei, aber passiv. Die Arbeitsweise meiner zwei Kollegen war sehr kapitalistisch angesetzt. Meine war immer mit Moral und meinem

Gewissen verbunden. Zlatan ließ sich schnell von Udo mitziehen, obwohl er mir bei sozialen Aspekten auch zustimmte. Und Udo war irgendwie alles egal. Hauptsache, die Umsätze stiegen.

> *Ich habe nicht vor, dir zu sagen, dass du deinen kompletten Freundeskreis austauschen, deine Familie verstoßen und die Firma, in der dein/e Ex arbeitet, anzünden sollst! Mach das nicht! Leg das Streichholz weg!*

Was ich dir mit dieser Geschichte mitteilen möchte, ist: Ich wurde infolge der intensiven Zeit mit meinen Arbeitskollegen in Bezug auf das Unternehmerische klüger. Auch, wenn sie mir aktiv kaum Tipps gaben. Ihr Verhalten, ihre Worte und ihr Denken beeinflussten mich. Ich würde von mir sagen, dass ich einen sehr starken Charakter habe und sehr resistent gegen äußere Einflüsse bin, die negativ für mich wären. Trotzdem musste ich fast jeden Tag aufpassen, mich nicht von ihnen beeinflussen zu lassen. Weil ich diese negativen Energien spüre. Alle Menschen, die oft und länger um uns herum sind, haben Einfluss auf uns und unser Wesen. Sie beeinflussen uns - ob passiv oder aktiv. Wobei Letzteres sehr intensiv sein kann, denn wenn es negativ ist - wird es schwierig, dauerhaft resistent zu bleiben.

Wenn du ständig von Menschen umgeben bist, die sich gerne besaufen, nur Partys am Wochenende machen und auf die Zukunft scheißen, wirst du diese Verhaltensweise Stück für Stück über Monate und Jahre übernehmen. Auch, wenn du nicht hundertprozentig zur Partymaus wirst.

Wenn du ständig mit Sportlern abhängst, die gerne Bücher lesen, wirst du entweder bald dein nächstes Buch lesen oder auch wieder zum Sport gehen. Kennst du das noch aus der Schule? Wenn du mit den

„Chillern" ein Referat vorbereiten musstest, hast du automatisch mit gechillt oder warst die einzige Person, die vorankommen wollte oder etwas vorbereitet hat. Aber auch, wenn du vorankommen wolltest, hast du nicht die Leistung erbracht, die du eigentlich hättest erbringen können. Wenn du jedoch mit jenen in einer Gruppe warst, die an sich schon zu den Fleißigen gehörten, warst du plötzlich auch aktiver. Selbst wenn du auf „Chillmodus" warst, war hier die Leistungsfrequenz im Schnitt höher, sodass du trotzdem individuell mehr gemacht hast. Auch, wenn es im Gruppendurchschnitt eher wenig war.

Auf Geschlechter bezogen ist dasselbe festzustellen: Bei Frauen sagt man, wenn sie viel Zeit miteinander verbringen und evtl. sogar zusammen wohnen, sich gut verstehen und harmonieren, gleicht sich der Menstruationszyklus an. An die Frauen, die das lesen: Stimmst du zu?

☐ Ja!

☐ Nein!

An die Männer, die das lesen: Kreuzt auch einfach „Ja“ oder „Nein“ an, damit, wenn eure Frau das Buch in Zukunft liest, euch Fragen stellt, woher ihr das wusstet. Wird ein tolles Gespräch!

Verstehst du nun den Ansatz?

Ich habe nicht vor, dir zu sagen, dass du deinen kompletten Freundeskreis austauschen, deine Familie verstoßen und die Firma, in der dein/e Ex arbeitet, anzünden sollst! Mach das nicht! Leg das Streichholz weg! Puh, gerade noch gerettet. Du bist mir aber ein aufbrausendes Wesen.. Jetzt habe ich Herzrasen.

Worauf ich hiermit aufmerksam machen möchte, ist, dass du achtsam sein sollst. Achte auf dein Umfeld, sortiere gegebenenfalls aus, sprich dich aus, arbeite an dir und mit Anderen an euch allen gemeinsam. Reflektiere, wohin du im Leben möchtest, wo du dich in fünf Jahren siehst, wen du bei dir haben möchtest und wen du dir in Zukunft wirklich neben dir vorstellen kannst. Nicht beim ersten Gedankenansatz. Denk etwas weiter hinaus als nur das gemeinsame Lachen mit Freunden. Denk daran, mit wem du auch in zehn Jahren noch zusammen weinen kannst. Und mit wem du dich später über das Altwerden beschweren und grinsen möchtest..

Wähle deinen Kreis achtsam. Denn du wirst der Durchschnitt von ihnen. Oder du machst einen „Durchschnitt" und gehst durch diesen Kreis, um deinen eigenen Weg zu entdecken..

NUR WER LOSLÄSST, GEWINNT HALT

Wieso Menschen aus dem Flugzeug springen & dabei Spaß haben

Wieso Menschen aus dem Flugzeug springen & dabei Spaß haben

> *Manchmal braucht das Herz die Freiheit viel mehr als die falsche Liebe - die es schon lange bekam. Manchmal erdrückt die falsche Liebe das Herz so sehr. So sehr, dass es sich unterdrückt, gezwungen und betrogen fühlt. Manchmal braucht das Herz die Freiheit so sehr. So sehr..*

Es war im September 2021. Ich startete die Renovierung in der Wohnung meiner Mutter. Allein. Um mich herum hatte ich bereits nach Hilfe in der Familie gefragt, jedoch nur Absagen erhalten. Entweder hatten sie keine Zeit oder fanden die verrücktesten Ausreden. Natürlich regte ich mich auf: Ich meine, wer nimmt sich denn nicht die Zeit für die Familie? Vor allem, wenn man aktiv nach Hilfe gefragt wird. Das versuchte ich zu erklären, bekam jedoch keine ordentlichen Antworten. Es ging über Wochen und Monate so. Bis ich erkannte: Lass los und mach es allein!

Auch vor einigen Jahren fand ich heraus, dass Loslassen so guttun kann. Ich schrieb verbissen Bewerbungen für eine Ausbildung. Es waren über 300 einwandfreie, ausführliche und inhaltsvolle Bewerbungen. Leider bekam ich nur Absagen oder gar keine Antworten. Irgendwann hörte ich auf, annähernd perfekte Bewerbungen zu schreiben. Es wurde mir ein wenig egal. Ich nahm es nicht mehr so ernst. Manchmal rotzte ich einfach irgendeinen Text hin und schrieb verrückte Sätze, wie: „Hallo, falls Sie diese Bewerbung bis zum Ende lesen, bekommen Sie meinen vollen Respekt. Ich repariere nämlich gerne den Kühlschrank Zuhause."

Und das waren die Bewerbungen, auf die ich plötzlich Antworten erhielt. Plötzlich luden mich die Betriebe ein. Vielleicht wollten sie auch nur den verrückten Vogel hinter solchen Bewerbungen kennenlernen, weil sie das erste Mal in ihrem Leben statt: „Sehr geehrte Damen und Herren..", ein freches „Hallo an die Chefetage.." gelesen hatten. Und trotz dessen lernte ich hiermit eins: Wenn ich loslasse, bekomme ich Halt!

Viele Verliebte schreiben mir und erzählen, dass sie ihren Partner zwar lieben, doch das Gefühl haben, nicht frei zu sein. Weil diese Liebe vom Partner sich falsch anfühlt. Auch vor einigen Wochen fragte mich eine Followerin Folgendes: „Wieso fühle ich mich so unterdrückt und gefangen in dieser Beziehung?" Ich antworte mit einem kleinen Text: „Manchmal braucht das Herz die Freiheit viel mehr als die falsche Liebe - die es schon lange bekam. Manchmal erdrückt die falsche Liebe das Herz so sehr. So sehr, dass es sich unterdrückt, gezwungen und betrogen fühlt. Manchmal braucht das Herz die Freiheit so sehr. So sehr..“

> *Manchmal hältst du dich an einem Seil voller vermeintlicher Hoffnung fest und merkst nicht, wie sehr es deine Hand verwundet, deine Arme schmerzen lässt und deinen gesamten Körper verspannt. Bis du loslässt und wieder heilen kannst..*

So verrückt es auch klingen mag, es ist mir schon so oft passiert. Und jedem, mit dem ich darüber spreche, fällt auch eine solche Situation ein. Wie zum Beispiel ein Freund, der während seiner toxischen Beziehung vollkommen am Boden war, sich sozial isoliert und über 30 kg zugenommen hat und nicht mehr er selbst war. Keiner von uns konnte ihn richtig erreichen. Erst, als die Beziehung mit einem lauten Knall gegen die Wand fuhr und er losließ, bekam er wieder Halt im Leben: Er stand innerhalb kürzester Zeit wie der stramme, junge Mann, den ich kannte, wieder im Leben. Das ist eine unglaubliche Geschichte, die mich immer noch bewegt – weil ich sie hautnah miterlebt habe.

Wenn wir zu verbissen nach finanziellem Erfolg jagen, werden wir erfolglos in anderen Bereichen des Lebens sein: Wir vernachlässigen Familie, Freunde und unsere Beziehung. Immer, wenn wir etwas zu extrem festhalten, wird es zur Last für uns oder bspw. für die gegenüberstehende Person. Eine Hand, die du magst, wirst du mit gesunder, liebevoller Energie festhalten. Wenn du sie zu verbissen festhältst, wirst du sie verletzen..

Halte kurz inne und überlege. Es kann auch etwas aus deiner Kindheit sein. Alles ist möglich - erinnere dich daran und schreibe es auf: Wann hast du losgelassen und bekamst dafür Halt im Leben?

Vielen Dank, dass du es aufgeschrieben hast. Du kannst dich immer wieder an das Prinzip und die Relevanz des „Loslassens“ erinnern, sobald du diese Seite liest. Weil es schon einige Male in deinem Leben passiert ist, dass du nicht loslassen konntest, obwohl du loslassen solltest.

Es gibt Menschen, die haben unglaubliche Höhenangst! Doch du würdest es ihnen sehr wahrscheinlich nicht anmerken. Weil sie als Hobby sehr gerne Fallschirmspringen. Richtig gelesen! Sie springen Fallschirm, obwohl sie sich dabei - während sie in der Luft sind - fast in die Hose machen. Bitte nicht bildlich vorstellen! Ach, du hast es ohnehin getan.. Selbst schuld. Aber, warum machen sie das? Also, nicht in die Hose machen. Ich meine das Fallschirmspringen.. Ich glaube, dass diese Menschen gelernt haben, ihre Angst zu überwinden, indem sie genau dieses Prinzip verstanden haben: Sie lassen los und bekommen dafür mehr Halt im Leben. Ich wiederhole mich. Ich weiß. Aber es gibt so viele Beispiele, in denen dies deutlich wird. Und auch du wunderbarer Mensch darfst heute den Ansatz lernen: Manchmal hältst du dich an einem Seil voller vermeintlicher Hoffnung fest und merkst nicht, wie sehr deine Hand daran verwundet, wie es deine Arme schmerzen lässt und deinen gesamten Körper verspannt. Bis du loslässt und wieder heilen kannst..

Eine Technik hat mir beim Loslassen von Menschen immer sehr geholfen. Die Entknüpfungstechnik. Sie entknüpft Emotionen von Erinnerungen. Warum ist das so wichtig? Weil unser Gehirn etwas viel besser abspeichert, wenn es mit Emotionen verknüpft werden kann. Beispielsweise wirst du zwar vergessen, wie die unemotionale Vokabel zum englischen Wort „Defenestration" hieß, aber nie die Erinnerung, wie du das erste Mal eine heiße Herdplatte angefasst hast. Du wirst zwar vergessen, was du letzte Woche mit deinem Arbeitskollegen an Small Talk geführt hast, aber nie das Gespräch, das du beim ersten Date mit deinem Partner hattest. Weil die eine Erinnerung mit Emotionen verknüpft ist und die andere nicht. Übrigens beschreibt „Defenestration" den Vorgang, jemanden aus dem Fenster zu werfen. Bloß nicht nachmachen. Ja, wieder was Neues dazu gelernt. Klopfe dir auf die Schulter. Morgen kannst du auf der Arbeit damit angeben. Oder auf der nächsten Familienfeier. „Hey, i will defenestrate you!" Ich hoffe, ich habe das richtig konjugiert. Jedenfalls sind es oft mit Erinnerungen verknüpfte Emotionen, die es uns so schwer machen, uns von bspw. toxischen Partnern zu trennen. Hach, man hatte so eine schöne Zeit. Hach, damals war es doch so schön. Hach, es wird bald wieder so wie damals bei unserem ersten Date. Nein, verdammt! Wird es nicht! Und das weißt du! Hör auf, dich selbst zu verarschen! Okay? Gut. Du kennst deinen Wert tief im Inneren! Und eine toxische Beziehung ist unter deinem Wert. Deine Zeit ist wertvoll – lasse sie dir nicht stehlen.

Was wir jetzt machen, ist eine Technik, durch die ich Emotionen mittlerweile ausgezeichnet von Erinnerungen trennen, also „entknüpfen“, kann. Diese Technik habe ich bei vielen Coaching-Teilnehmern sehr erfolgreich angewendet.

Gehe wie folgt vor:

Greife dir ein Blatt und einen Stift. Erstelle eine Tabelle aus zwei Spalten (siehe Bild). Schreibe dir auf der linken Seite alle schönen Momente stichpunktartig auf, die du in deiner Beziehung hattest. In der rechten Spalte schreibst du das Gefühl auf, welches du dabei hattest.

Bsp. Tolles Essen - Liebe, Freude. Lasse zwischen den Zeilen etwas Platz.

Erinnerung	Emotion
Tolles gemeinsames Dinner	Liebe, Freude

Gehe diese Liste sorgfältig durch und schreibe dir auf, was dir alles einfällt. In den nächsten Tagen liest du dir jeden Abend vor dem Schlafengehen diese Liste durch. Je öfter du dies liest, desto weniger sprunghaft werden deine Emotionen bezüglich dieser Erinnerungen. Affirmiere (Affirmationen: Wiederholte Sätze, die sich als positive Denkmuster verfestigen und dieser Handlung/Situation höhere Bedeutung verschaffen) zehnmal: „Ich entknüpfe die Emotion von der Erinnerung. Ich bin stark. Ich lasse los.“ Ab dem dritten Tag beginnst du, das Blatt in der Mitte vorsichtig anzureißen. Zerreiße es vorsichtig bis zur ersten Zeile und gehe etwas darüber hinaus bis zum Anfang der zweiten Zeile. Stelle dir dabei bildlich vor, wie du die Emotion von der Erinnerung entknüpfst und mit eigener Kraft auseinanderziehst. Wie fühlt sich das an? Du spürst, wie du die Kontrolle und Macht über dein Bewusstsein, deine Emotionen und Erinnerungen hast. Lege das Blatt neben dich und lasse auf dich wirken, was du gerade geschafft hast: Du hast das Gefühl von der Erinnerung getrennt. Es gibt keine schmerzhafte Erinnerung. Es gibt nur den schmerzhaften Umgang mit Erinnerungen. Und damit ist heute Schluss! Denn du verdienst ein zufriedenes und glückliches Leben! Und du wartest nicht mehr auf Hilfe von außen oder einen neuen Partner, der dich heilt. Du nimmst dein Schicksal selbst in die Hand. Genau das hast du gerade getan. Schlafe mit diesem Gefühl ein. Über Nacht wird dein Gehirn all dies in der

REM-Phase (rapid eye movement) verarbeiten. Das ist auch die Schlafphase, in der du träumst. Emotionen werden rekonstruiert und abgespielt. Es ist keine direkte Handlung, sondern mehrere Teile von verschiedenen Handlungen, die dein Gehirn dabei zusammenfügt. Bei dieser Technik kann es vorkommen, dass du die ersten Tage nicht allzu gut träumen wirst. Bitte habe keine Angst davor. Das kommt vor, weil dein Gehirn die Entknüpfung der Emotionen und Erinnerungen, die du als schmerzhaft empfindest, verarbeitet. Mache weiter und du wirst merken, dass spätestens nach 10 bis 14 Tagen dein Schlaf wieder besser und sogar tiefer wird. Viele meiner Coaching-Teilnehmer berichten genau über diese Symptome. Einige von ihnen probieren die ersten Tage ein Schlafspray aus, das entweder mit synthetischem Melatonin (Schlafhormon) versetzt ist oder aus natürlichen schlaffördernden Zutaten besteht. Das führt dazu, dass sie oftmals einfacher in die Tiefschlafphase und dann in die REM-Phase kommen.

Eine kleine Anmerkung und ein wichtiger Gedankengang von mir, den ich auch all meinen Teilnehmern mitgebe: Heutzutage sind wir ständig umgeben von künstlichem Licht. Selbst im Bett haben wir oft unser Handy, unseren Reader oder unser Tablet dabei.

Von der Natur her ist der Mensch jedoch so geschaffen, dass er den klaren Wechsel von Tag zu Nacht braucht.

Also von Licht in die Dunkelheit. Dieser Wechsel wird über die Netzhaut am Auge an die Zirbeldrüse (= ist ein kleines Organ, das im Mittelhirn sitzt) weitergegeben und sie produziert Melatonin. Die Melatoninproduktion wird bei Tageslicht oder künstlichem Licht jedoch gebremst. Das ist nicht schlimm, denn bei Dunkelheit - sprich bei Nacht - steigt die Produktion wieder. Dröhnen wir uns jedoch auch noch nachts mit (künstlichem) Licht zu, schafft die Zirbeldrüse es nicht, ihre Schlafhormon-Erzeugung anzukurbeln. So sind wir zu lange wach, haben Probleme beim Einschlafen, haben schlechtere Tiefschlaf- und REM-Phasen und sind tagsüber gereizt, anfälliger für Depressionen und hormonelle Schwankungen. In den skandinavischen Regionen, die zu bestimmten Zeiten im Jahr dauerhafte Dunkelheit haben, produziert der Körper jedoch zu viel Melatonin und die Leute sind dauerhaft müde, deprimiert und schlafen ebenfalls schlechter. Dort wird bewusst mit künstlichem Licht entgegengewirkt. Wie du merkst: Im Bett das Handy wegzulassen und nachts künstliche Lichtquellen zu minimieren, spart nicht nur Strom, sondern hilft auch bei Schlafproblemen. Sich tagsüber künstlich abzudunkeln, ist ebenfalls nicht gut. Finde die Balance für dich. Natürlich sind einige Situationen und Probleme komplexer. Schlaf und Melatoninproduktion ist jedoch ein wichtiger Bestandteil davon!

Zurück zur Fortsetzung der Entknüpfungstechnik: Am nächsten Abend liest du dir deine Liste erneut durch, sprichst wieder: „Ich entknüpfe die Emotion von der Erinnerung. Ich bin stark. Ich lasse los", und reißt vorsichtig und bewusst von der zweiten Zeile bis zur dritten Zeile ein. Dies machst du ab jetzt täglich, bis das Blatt komplett halbiert ist. Sieh dir nun die linke Hälfte des Blattes separat an. Und lies dir alles durch. Du wirst dich kaum noch erinnern können, welche Gefühle du bei diesen Erinnerungen hattest. Jetzt schaue dir die rechte Hälfte des Blattes an und lies es dir durch. Auch hier wirst du dich kaum erinnern können, welche Erinnerungen du früher mit diesen Emotionen verbunden hast. Nun ist es so weit: Du packst die Blätter ein und darfst dir einen feuerfesten Ort aussuchen, an dem du deine Ruhe hast. Lege das Blatt auf einen feuerfesten Boden. Schnappe dir ein Feuerzeug und zünde erst die linke Hälfte des Blattes an und siehe, wie die Erinnerungen zur Asche werden. Langsam löst sich alles auf, was einst war. Lasse es auf dich wirken, bis das gesamte Papier zu Asche geworden ist. Jetzt wiederholst du dies mit der rechten Blatthälfte und lässt es auf dich wirken. Sprich zu dir selbst und wiederhole es zehnmal: „Ich lasse los. Ich bin stark. Ich bin frei und bestimme selbst über meine Gefühle!"

Du hast es geschafft. Klopfe dir gerne auf die Schulter, stelle dich Zuhause vor den Spiegel und lächle dich an. Du kannst verdammt stolz auf dich sein! Du hast losgelassen. Und das wird dir noch viel mehr Halt im Leben geben! Wow! Wir sehen uns im nächsten Kapitel, du toller Mensch!

DU BIST STARK, WENN DU SCHWÄCHE ZEIGST

Was unsere Stärken und Schwächen über uns aussagen

Was unsere Stärken und Schwächen über uns aussagen

> *Menschen zeigen oft mit dem Finger auf deine Schwächen. Was sie dabei vergessen, ist: Sie haben selbst Schwächen und zeigen nur auf dich, um von ihren eigenen abzulenken.*

Wir lernen, Angst zu haben. Wir werden nicht damit geboren. Wenn wir als Kind sehen, dass unsere Vorbilder (unsere Eltern) auf Briefe vom Amt oder beim Blick auf den nächsten Zahnarzttermin panisch, aggressiv oder ängstlich reagieren, übernehmen wir das in unserer Denkstruktur: „Eltern reagieren anders! Ich habe Angst!“ Diese Ängste werden oft nicht von außen erkannt und erst recht nicht behandelt. So verfestigen sie sich im Unterbewusstsein und wir nehmen es bis ins Erwachsenenalter mit. Manchmal bleiben sie irgendwo im Unterbewusstsein verschollen. Doch gewisse traumatische Momente oder Schlüsselerlebnisse bringen diese Ängste zum Vorschein und plötzlich hat man extreme Angst vor Tunneln. Angst lähmt uns und macht uns handlungsunfähig. Angst senkt unsere Intelligenz, deaktiviert rationales Denken und macht uns hyperemotional.

Der allererste Schritt, Angst zu besiegen und sich seiner Schwäche zu stellen, ist ganz simpel: Sprich aus, dass du Angst hast. Und gebe zu, dass es eine Schwäche von dir ist. Sprich mit deinem besten Freund oder jemandem darüber, der dich sehr gut kennt und versteht. Rechtfertige dich nicht. Erzähle bloß, wie du dich dabei fühlst und was dir dabei durch den Kopf geht. Welche Gedanken kommen dabei auf? Welche physischen Mechanismen machen sich dabei bemerkbar? Zitterst du dabei? Oder rast „nur" dein Herz?

Lasse mich dir von einer Schwäche und Angst aus meinem Leben erzählen. Ich hatte einige Schwächen in meiner Kindheit und habe dafür auch einiges an Kritik und Anfeindung bekommen. Ich war zum Beispiel schlecht in Mathe. Beziehungsweise habe ich mich in diesem Fach nicht bemüht. Ein Mädchen namens Jasmin lachte mich damals aus und rief: „Der ist so dumm. Wie kann man diese einfache Gleichung nicht verstehen?" Menschen zeigen oft mit dem Finger auf deine Schwächen. Was sie dabei vergessen, ist: Sie haben selbst Schwächen und zeigen nur auf dich, um von ihren Eigenen abzulenken. Jasmin war in keinem einzigen Fach gut. Aber dafür habe ich sie nie angefeindet. Nur für ihre gemeine Art, die sie an den Tag legte. Auch, wenn eine Matheklausur anstand, war ich ängstlich und wäre am liebsten Zuhause geblieben. Aber ich kam trotzdem. Jasmin lachte mit ihrer Freundin

Frances jedes Mal über mich. „Tolle Mitschülerinnen“, dachte ich mir. Meine Schwächen und Ängste auszulachen war einfach. Ach ja, was dachtest du denn? Dass ich keine Schwäche oder Angst habe? Klar habe ich sie! Oder ich hatte sie jedenfalls. Jedoch sind manche Ängste instinktiv und zum Teil überlebenswichtig. Du bist nicht mutig, wenn du in ein riesiges Feuer hineinrennst, sondern schlichtweg doof. Deshalb bedeutet das „Besiegen“ von Angst nicht gleich das „Töten“ der Angst - sondern das „Kontrollieren“ und über sie zu herrschen. Verstehst du? Klar verstehst du.

> *Die Antwort meiner Mutter war ruhig und trocken: „Du musst gegen deine Angst kämpfen, sonst besiegt sie dich für immer.“*

Kommen wir zu meiner Angst. Also, Angsthase-Kianimus war damals zwischen 13 und 14 Jahre alt und hatte Angst vor der Dunkelheit. Ja, richtig gelesen. Ich hatte Angst vor dunklen Räumen. Deshalb liebte ich es, mit offenen Gardinen im Wohnzimmer zu schlafen (ich hatte kein eigenes Zimmer zu der Zeit), weil der Mond so schön hell hineinschien. Leider gab es da jedoch diesen verflixten Müllraum. Klein, eng, stinkend und immer war das Licht kaputt. Das Allerschlimmste war: Der Müllschlucker hakte oder war verstopft und wenn die Tür dann hinter dir zufiel, hakte sie auch. So versuchte ich mit einem Fuß die Tür aufzuhalten und den Müllschlucker zu befüllen.

Klappte natürlich nicht, dafür hätte ich mindestens 1,80 m groß sein müssen. Heute ginge das locker. Damals mit meinen 1,60 m funktionierte das ungünstigerweise nicht. Als Kind war es dann schwierig, diese schwere Metalltür wieder aufzubekommen. Das bedeutete: Du warst in einem stinkenden, komplett dunklen, engen Müllraum gefangen. Völlig orientierungslos. Und dann waren da noch die Geschichten der Nachbarn: Dschinns, also Geisterwesen (kulturell meist als bösartig bezeichnet), trieben sich im Müllraum angeblich herum und fingen Kinder ein. Ein Kind war mal wirklich verschwunden und nach Tagen wieder aufgetaucht. Das verstärkte meine Angst umso mehr. Ich wollte nicht mit Dschinns chillen und in ihrer Unterwelt gefangen sein. Die hätten dort bestimmt keine Schokolade, die ich essen könnte (Ich nasche gerne, falls du das noch nicht gemerkt hast.). Jedenfalls wurde ich jedes Mal panisch, wenn es hieß: „Bringst du bitte den Müll weg." Ich versuchte dann irgendwann mal zu erklären, dass ich Angst hatte. Vorher habe ich mich nie getraut, es zu erwähnen und bin einfach gegangen. Die Antwort meiner Mutter war ruhig und trocken: „Du musst gegen deine Angst kämpfen, sonst besiegt sie dich für immer." Wow. Wenn ich diese Aussage heute lese und mir die Aussprache meiner Mutter vorstelle, ist sie voller wahrem Gehalt! Jetzt weiß ich auch, woher die lyrische Ader in mir kommt. Spaß, das wusste ich schon lange. Zurück zum Thema: An diesem Tag beschloss ich, gegen meine Angst zu kämpfen. Ich atmete tief durch, schaute sehr ernst und böse und schnappte mir den Müll. Ruhig öffnete ich die Haustür, ging aus der Wohnung hinaus, dann nach rechts durch die Zwischentür im Hausflur und wieder nach rechts an den zwei (auch ständig kaputten) Aufzügen vorbei. Mit jedem Schritt klopfte mein Herz etwas schneller. Nach den Aufzügen bog ich nach rechts ab und sah dann rechts von mir den Müllraum in der Ecke. Ich lief darauf zu und wir standen uns gegenüber: Wie in einem Westernfilm. Ich mit meiner Mülltüte in der linken Hand und der Müllraum mit seinem wackligen Türgriff auf der linken Seite. Mich hätte es nicht gewundert, wenn da jetzt noch ein riesiger Strohballen vorbeigerollt wäre. Langsam ging ich auf den Müllraum zu, mein Herz raste und meine Hände schwitzten. „3 Minuten. 3 Minuten. Ich schaffe das!" sagte ich zu mir selbst immer wieder. Ich hatte mir vorgenommen, drei Minuten in diesem Raum zu verweilen. Dann hätte ich meine Angst besiegt. Ich öffnete die Tür und es war - wie zu erwarten - stockdunkel. Nur das Licht vom Flur ließ schemenhaft den stinkenden Müllschlucker erkennen, dessen Umrisse mich wie ein gieriges Monstermaul anblickten. „Ekelhafter!", schimpfte ich mit ihm. Dann ging ich auf ihn zu, ließ die Tür los, stopfte ihm das Maul mit meinem Müll voll und rammte ihn zu. Ich hörte, wie der Müll durch die fünf Etagen runterfiel und mit einem plumpen Geräusch irgendwo im Keller landete. Instinktiv drehte ich mich schnell um und wollte herausrennen. Doch dann stoppte ich, schloss die Augen, atmete tief ein.. Und bereute es sofort. Weil es höllisch stank! „Verdammt!", sagte ich leise. Ich fing an zu zählen. „1..2..3..4.." Mit geschlossenen Augen und der Stille in diesem Raum nahm ich alles viel intensiver wahr: Die Gerüche aus den verschiedenen Müllresten, die hier auf dem Boden lagen, die Geräusche, die durch die Rohre des Hochhauses übertragen wurden, die warme Luft im Raum, die mir auf der Haut wahrscheinlich eine Gänsehaut hinterließ (ich kann irgendwie keine physische Gänsehaut bekommen, spüre aber, dass ich eine haben müsste). Selbst mein Herz hörte ich klopfen. Ich zählte weiter. „71..72..73..74.." Und freute mich, denn es fiel mir leichter, als ich gedacht hatte. Innerlich triumphierte ich schon: Yes, ihr doofen Geister. Euch zeige ich es! „165..166.167.." Und plötzlich krachte die Tür auf, ich kreischte vor Schreck und sprang in die Ecke des Raums. Da stand eine kleine, dunkle Gestalt, die ich noch nicht richtig erkennen konnte, mit einem Besen in der Hand. Meine Augen gewöhnten sich langsam an das schwache Licht, das aus dem Flur hineindrang und vor mir stand - meine Mutter und schimpfte: „Sohn, wo steckst du denn? Müll wegbringen kann doch nicht 10 Minuten dauern!" Ich wusste nicht, ob ich heulen oder lachen soll - aber eins wusste ich: Ich hätte auch die 180 Sekunden und mehr geschafft! Und mit diesem Bewusstsein ging ich grinsend und stolz aus dem Raum, während meine Mutter mich hinter sich her zog.

> *Auch Liebe macht uns Angst. Auch Liebe macht uns schwach. Immer. Doch mit dem richtigen Partner wird diese Angst zu Mut. Und die Schwäche zur endlosen Stärke!*

An diesem Tag lernte ich viel für mein Leben: Über Angst, über Konfrontationen und über Selbstbewusstsein. Auch du hast und hattest sicherlich solche Momente, in denen du stolz auf dich warst, gewonnen oder über etwas gestanden hast, weil du stärker warst als die Situation oder die Herausforderung.

Was war es bei dir? Schreibe bitte auf, wann du das letzte Mal richtig stolz auf dich warst und dich gut und stark gefühlt hast. Beschreibe die Gefühle, die in dir aufkamen, wie die Situation entstanden ist, wie du sie gemeistert und wie du dich auch Tage danach gefühlt hast.

Ich erzähle dir deshalb von Angst, weil sie eine unserer Schwächen ist, die wir zur Stärke machen können. Und erst, wenn du diese Schwäche erkennst und zeigst, wirst du stark. Jemand, der seine Schwächen nicht kennt, kann nicht an ihnen arbeiten und aus ihnen schöpfen. Auch Liebe macht uns Angst. Auch Liebe macht uns schwach. Immer. Doch mit dem richtigen Partner wird diese Angst zu Mut. Und die Schwäche zur endlosen Stärke! Oder man bleibt ignorant.. Beispielsweise: Ich arbeite als Make-up-Artist in einer berühmten Parfümerie. Dort schminke und style ich täglich viele Menschen. Vieles kann ich gut: Den Lipliner perfekt ziehen, die richtige Foundation zum Hautton auswählen, den perfekten Primer zum Hauttyp vorschlagen und den Lippenstift zum passenden Anlass und Typ der jeweiligen Person einsetzen. Doch kommt es zum Thema Contouring, setze ich bei runden Gesichtern den Highlighter zu weit oben an der Stirn an, die Kontur direkt unter den Haaransatz und mache das Gesicht damit optisch noch runder. Ich selbst denke aber, dass ich das beste Contouring unter meinen Kolleginnen und Kollegen hinbekomme. Obwohl mir alle sagen, dass ich es nicht unbedingt richtig mache. Naja, meine Stammkundinnen behaupten etwas Anderes. Also höre ich nicht auf meine Kollegenschaft. Die sind doch eh nur neidisch.

So! Und so erkenne ich meine Schwäche nie, werde nie an ihr arbeiten und sie zu meiner Stärke machen. Denn wer seine Fehler nicht sieht, wird auch nie Lösungen für sie finden.

Ebendarum führe ich eine Notizliste, in der ich all meine Schwächen und Stärken aufschreibe. Als ich 2019 damit anfing, habe ich das wöchentlich gemacht. Dann waren es monatliche Einträge. Heute mache ich diese Einträge nach Bedarf. Anfangs wirst du alle deine Schwächen und Stärken aufschreiben, die dir einfallen. Dann wirst du auch mal im Alltag merken: „Puh, darin bin ich noch nicht so gut“, oder: „Das bereitet mir Schwierigkeiten.“ Seien es Dinge, wie Einparken oder mit Kritik besser umgehen. Schreibe es dir auf.

Wie du deine Schwächen erkennst? Manchmal ist man zu ignorant, um sie zu erkennen. Ich weise dich auf die vorherigen Techniken in diesem Buch hin - etwa die Atemtechnik, das Alleinsein-Prinzip und die Reise zu deinem inneren Kind. Auch die komplette Gedankenreise aus meinem ersten Buch „Gute Gedanken“ ist hilfreich, um Selbstreflexion zu lernen und auch mal konstruktiv kritisch mit sich selbst zu sein. Die Techniken und Prinzipien aus diesem Buch reichen jedoch vollkommen aus, um diese Ansätze umsetzen zu können. Ich sage immer wieder: Selbstreflexion sollte ein Schulfach sein, denn nur Menschen, die sich selbst und ihr Verhalten reflektieren, entwickeln sich auch weiter. Und so wirst auch du dich weiterentwickeln, wenn du dich selbst reflektierst, deine

Schwächen und Stärken immer wieder notierst, dir diese durchliest und an dir arbeitest. Bitte schweife jedoch nicht zur Perfektion! Es ist nämlich okay, auch gewisse Schwächen zu haben und es dabei zu belassen. Charakterschwächen bedürfen etwas mehr an Fokus und Verbesserung als Schwächen, wie die Torte nicht perfekt hinzubekommen oder eine Sprache nicht fließend zu sprechen. Ein guter Mensch lebt und liebt durch sein Herz und seinen Charakter, nicht durch seine perfekte Art. Unsere Schwächen zeigen, wer wir werden können. Unsere Stärken zeigen, wer wir schon sind. Während die Stärken uns Selbstbewusstsein geben, schämen sich viele für ihre Schwächen. Aber sie sind aktuell ein Teil von uns. Und es ist okay, sie zu haben. Wenn du zusätzlich auch noch an ihnen arbeitest, dann musst du dich noch weniger dafür schämen. Du bist aktiv und produktiv! Und das ist wichtig. Ich habe vor Jahren mal etwas Tolles gelesen, was du vielleicht auch schon kennst. Es ist ein sehr bekanntes Zitat, mit dem ich dieses Kapitel abschließen und dich zum Nächsten führen möchte:

„Es ist nicht wichtig, wie schnell du gehst, sondern, dass du überhaupt Schritte machst!"

JEDER ANGRIFF IST EINE VERTEIDIGUNG

Wie du mit Konfrontationen umgehst, obwohl du korrekt warst

Wie du mit Konfrontationen umgehst, obwohl du korrekt warst

> *Wenn wir verletzt werden, kehren wir entweder tief in uns zurück. Oder wir schlagen um uns herum, schreien, weinen und werden dann doch wieder still. Denk nicht, dass stille Menschen auch innerlich still sind. Du siehst nur das Äußere. Oft brodelt es tief in ihnen und niemand nimmt es richtig wahr..*

Du sitzt gemeinsam mit mehreren Freunden an einem schönen Winterabend am Tisch. Es wird gelacht, gegessen, getrunken - weihnachtliche Stimmung kommt auf. Du lächelst, bist glücklich und zufrieden. Die Stimmung ist ausgelassen, harmonisch und entspannt. Die Gespräche sind offen und lustig und handeln von den letzten Jahren, in denen ihr alle viel erlebt habt. Du nimmst einen Schluck von deinem Lieblingsgetränk, genießt das Aroma, auf deiner Zunge breitet sich der wohlige Geschmack aus und deine Zunge schmeckt auch nach dem Schluck noch die Essenzen deines Lieblingsdrinks an deinen Lippen. Während ihr alle miteinander (und durcheinander) sprecht, sagt ein Freund laut und lachend in die Runde über dich: „Wisst ihr noch, damals haben wir noch tolle Strandfiguren gehabt. Vor allem du! Nicht wie heute!"

Du schluckst.. Diesmal nicht dein Lieblingsgetränk, sondern die Spucke, die dir im Hals stecken bleibt. Dir wird warm, dein Puls geht hoch, du bekommst einen Tunnelblick. Alles verfinstert sich um euch. Du merkst, wie gleichzeitig Blut in deinen Kopf schießt und du langsam rot wirst - vor aller Augen. Du denkst dir: „Dieser Arsch! Will er mir vor allen Leuten sagen, dass ich dick geworden bin? Klar, ich habe mich die letzten Jahre etwas gehen lassen. Zum Sport gehe ich auch nicht mehr so oft. Aber so eine freche Ansage? Das lasse ich nicht auf mir sitzen! Hat der eigentlich seinen Bauch gesehen?"

Und prompt zischt es bissig aus deinem Mund heraus: „Du könntest aber auch glatt als Strandball durchgehen!"

Puh, alle werden still. Die Stimmung ist gekippt. Alle starren dich an. Die Freundin links neben dir ist die Erste, die das Wort ergreift: „Was ist denn los mit dir? Das hat er doch nicht so gemeint.." Und du könntest dir nun:

1. In den Arsch beißen, dass du das gesagt hast.
2. Dich rechtfertigen, dass er so etwas nicht zu sagen hat.
3. Einfach still sein und darauf warten, dass irgendjemand den Abend wie gewohnt weiterführt.

Na, welche Option ist die beste für dich? Egal, welche du wählst, eins ist sicher: Dein Satz ist gefallen und ist nicht mehr umkehrbar. Was aber erlernbar ist, ist das Verhalten in der nächsten Konfrontation in der Zukunft.

Schauen wir uns an, was passiert ist: Du hast mit Freunden einen entspannten Abend erlebt. Also eine lockere Situation, in der du deine Schutzmechanismen runterfahren oder gar abschalten kannst.

In dem Moment fiel von einer Person ein Satz, den du als Angriff aufgenommen hast.

Daraufhin hast du einen Gegenangriff gestartet, welcher jedoch eigentlich nur deine Verteidigung war. Bis hierhin verstehst du mich sicher. Lass uns das Ganze jetzt noch etwas vertiefen. Ich möchte, dass du die komplexeren Zusammenhänge in zwischenmenschlichen Beziehungen und der Kommunikation simpel erkennst und verstehst. Du weißt mittlerweile, dass du dich mit deinem Angriff verteidigt hast. Ist dir aber bisher unklar, warum du überhaupt von diesem Idioten angegriffen wurdest? Wenn ja, dann erkläre ich dir einen simplen Effekt des sozialen Bewusstseins über sich selbst: Der Typ, der dich angegriffen hat, ist höchstwahrscheinlich kein böser Mensch. Er hat es vielleicht auch gar nicht so gemeint - aber viel wichtiger ist, dass er sich auf dich fokussiert hat, obwohl viele andere Menschen im Raum sind. Das ist wichtig: Ja. Aber das ist wohl oder übel ein Zufall. Er würde immer jemanden wählen. Ob links oder rechts von dir. Nur bist du heute das Opfer seiner Angriffe. Und dies liegt in den meisten Fällen daran, dass er (heute oder immer) ein Problem mit sich selbst hat. Nämlich, dass er auch nicht mehr so aussieht, wie zu seiner besten Zeit. Es war ihm wichtig, dieses Problem in seinem Freundeskreis anzusprechen, jedoch wollte er nicht das Paradebeispiel für eine nicht mehr perfekte Strandfigur sein und hat dies auf dich projiziert. Er fühlte sich angegriffen, obwohl er nicht aktiv angegriffen wurde. Er dachte sich: „Die schauen bestimmt alle auf meinen gewachsenen Bauch. Ich muss mich irgendwie schützen." Und dann sah er dich. Zufällig. Deshalb griff er an.

Manchmal habe ich das Gefühl, die Menschen „wollen" es nicht sehen. Sie möchten sich gar nicht mit den Sorgen und Problemen Anderer beschäftigen.

Du kannst in Zukunft darüberstehen und mit einem eher humorvollen Ton das Gespräch für dich gewinnen. Denn der Ton macht die Musik. Aber auch die Körpersprache.

Version A: Stelle dir vor, du spitzt die Lippen, ziehst deine Augenbrauen runter, schaust böse und zischst wie vorhin: „Du könntest aber auch glatt als Strandball durchgehen!"

Version B: Du lächelst, hebst die Augenbrauen interessiert und amüsiert, streckst das Glas Richtung Angreifer wie beim Zuprosten und sagst in einem lustigen Ton: „Du könntest aber auch glatt als Strandball durchgehen!“

Na, in welcher Version kommst du als Gewinner/in rüber? In Version A, als aggressive, gereizte, sofort eingeschnappte Person oder in Version B, als die Person, die darübersteht und den Spieß locker flockig umdreht? Wenn du dich klug anstellst, schaust du noch grinsend in die Runde, prostest allen zu und alle heben das Glas in deine Richtung. Dann hast du definitiv gewonnen. Aber nicht immer geht es darum, einen Spruch zurückzufeuern - auch, wenn man darübersteht und es auf eine coole Art und Weise macht. Manchmal musst du einfach Grenzen ziehen: Klar, direkt und strikt. Dein erster Grenzübertritt wird dein letzter Grenzübertritt! Mit dieser Attitüde und nur damit kommst du bei manchen Menschen weiter im Leben. Sonst fressen sie dich auf und denken, sie könnten sich jedes Mal irgendwelche Fehltritte erlauben. Aber manchmal, vor allem in einer ernsten und reifen Runde, wäre es vollkommen unangebracht, so lustig zu antworten. Dann ist es wichtiger, nachzufragen. Ruhig und gelassen. Interessiert und fokussiert. Der, der fragt, der führt. Also stelle Fragen! Lasse nicht zu, dass dein Ego dich kontrolliert und dich unkontrollierte Aussagen treffen lässt.

Wenn wir verletzt werden, kehren wir entweder tief in uns zurück. Oder wir schlagen um uns herum, schreien, weinen und werden dann doch wieder still. Denk nicht, dass stille Menschen auch innerlich still sind. Du siehst nur das Äußere. Oft brodelt es tief in ihnen und niemand nimmt es richtig wahr.. Vielleicht kennst du das sogar von dir. Alle um dich herum lachen, machen weiter, du lächelst zurückhaltend und sitzt wie ein kleines trauriges Kind in einer Körperhaltung da, die eigentlich doch jedem um dich herum auffallen müsste. Und wie sehr wünschst du dir in diesem Moment, dass jemand dich fragt, wie es dir geht. Wie es dir wirklich geht. Und du ihm alles von der Seele heraus erzählen kannst. Wie oft? Doch es fragt niemand. Und es sieht niemand. Manchmal habe ich das Gefühl, die Menschen „wollen" es nicht sehen. Sie möchten sich gar nicht mit den Sorgen und Problemen Anderer beschäftigen. Und gerade, weil sie das nicht möchten, darfst du dich selbst mit dir beschäftigen und dich selbst lieben. Du darfst die Heilung deines Selbst sein und dir Gutes tun. Deshalb bist du hier. Deshalb hältst du das Buch „Gute Menschen verlieren nie" in deinen Händen und hast es bis hierhin gelesen. Weil du weißt, wie anstrengend es manchmal sein kann, ein guter Mensch zu sein und ein besserer Mensch zu werden. Weil auch nur du allein weißt, wie viele Angriffe du erlebt und überlebt hast. Und nun bist du hier und lernst immer mehr über dich, dein Wesen und deine Wünsche sowie Erlebnisse. Du weißt mittlerweile, dass dein inneres Kind nach dir ruft und du mit ihm sprechen kannst. Du weißt mittlerweile, dass du loslassen darfst, um Halt zu bekommen. Du weißt mittlerweile auch, wie wichtig deine Atmung ist, wenn es um schwierige Situationen im Leben geht. Jetzt ist deine Atmung ruhig. Atme auch jetzt tief durch und lasse all das auf dich wirken. Du wirst nicht verlieren. Sprich dir das zu: „Ich verliere nicht. Ich gewinne. Ich bin stark! Ich spüre meine Power!“ Spüre, wie die Energie in dir aufsteigt. Du darfst stolz auf dich sein! Du denkst vielleicht, ich bin ein Idiot, der sich wiederholt - aber dem ist nicht so. Naja, vielleicht ein wenig. Aber es ist so wichtig, dass ich mich wiederhole. Weil viele Menschen heutzutage nicht gelobt werden oder sich selbst loben. Deshalb darfst du auf diesen über 200 Seiten immer wieder stolz auf dich sein!

WERDE DIE BESTE VERSION DEINES SELBST

Und gehe deinen Weg, ohne Vergleiche mit Anderen

Und gehe deinen Weg, ohne Vergleiche mit Anderen

> *Bei Tiefen ist es wichtig, den Boden unter den Füßen nicht zu verlieren. Bei Höhen ist es wichtig, auf dem Boden zu bleiben.*

Du scrollst durch Social Media und siehst ein Influencer-Pärchen auf einer schönen Insel. Du siehst, dass ein Instagram-Model für eine Modemarke Werbung macht. Weiterhin siehst du den Fitnessfreak hier und das Yoga-Girl dort. Überall herrscht Perfektion. Motivierte, gut aussehende, glückliche, erfolgreiche und vermögende Menschen. Puh! Und du liegitzt[1] auf der Couch mit einer Tüte Paprikachips und einer Tafel Nugat-Schokolade und starrst auf deinen Smartphone-Bildschirm. Naja, ganz so dramatisch ist es wahrscheinlich nicht, aber irgendetwas in dir wird dadurch unzufrieden. Vielleicht hast du dich gerade auch noch frisch getrennt oder machst einen Job, auf den du schon lange keinen Bock mehr hast. Oder dein letzter Urlaub ist schon so lange her. Noch länger her ist

---

[1] Das ist für mich diese komische Mischung aus Liegen und Sitzen, wenn man einfach nur rumhängt - wie so ein Sack Kartoffeln.

vielleicht dein Besuch im Fitnessstudio. Aber hey, ich sag' dir mal was: Mein Urlaub ist auch schon lange her, ich bin aktuell auch nicht regelmäßig im Gym und habe gerade auch eine halbe Tafel Schokolade verputzt. Mjammi! Na und? Wieso soll ich mir Vorwürfe machen? Ich bin selbst auf Social Media aktiv und werde auf Events als „Influencer" eingeladen. Wobei ich mich definitiv nicht als Influencer bezeichnen würde, aber na jut. Dann sehen die mich halt so. Und ich kann dir sagen: Dadurch, dass man sich untereinander in der Branche kennt und ich für manche Social-Media-Kollegen mittlerweile wie ein „Guru" bin, kommen sie auch auf mich zu, wenn sie mal unmotiviert sind, mal eine schlechte Phase oder Beziehungsprobleme haben. Yes! Richtig gelesen. Auch diese Menschen haben mal Heißhunger, keine perfekten Beziehungen und sind mal unmotiviert. Das sind auch nur Menschen. Ich poste ja selbst gelegentlich Fotos aus dem Gym oder vom Urlaub. Aber das heißt noch lange nicht, dass ich ein perfektes Leben führe. Ich motiviere Andere und mich gerne, mache einen Job als Autor, Künstler und Coach, der mir Spaß macht und mich erfüllt, gehe auch gerne zum Sport oder verreise gerne. Aber auch ich habe meine Tiefen. Genau wie du auch. Das Leben ist immer ein Ablauf aus dem Wechsel von Höhen und Tiefen. Eine Zeit lang bist du im „Tief", das heißt, es läuft nicht so, wie du es dir wünschst, du bist nicht so aktiv, nicht so motiviert und auch nicht glücklich. Wie lange das Tief geht, bestimmt zum Teil das

Leben und zum Teil bestimmst du es. Wie du damit umgehst, bestimmst jedoch zu hundertprozentig du selbst! Dann kommen die Höhen - diese können, wie die Tiefen, sehr plötzlich kommen, sich jedoch auch langsam aufbauen. In diesen Höhen läuft es für dich, wie du es dir wünschst. Du bist aktiver, motivierter und definitiv glücklicher. Durch solche Höhe steigt auch das allgemeine Level deiner Glückshormone und so bildet sich ein geschlossener Kreis aus Glückshormonen und Glücklichsein. Der Unterschied deiner Einstellung bei Höhen und Tiefen ist sehr simpel: Bei Tiefen ist es wichtig, den Boden unter den Füßen nicht zu verlieren. Bei Höhen ist es wichtig, auf dem Boden zu bleiben.

Trotzdem darfst du dich freuen, in die Luft springen und genießen. Werde nur nicht abgehoben. Aber das ist dir sicherlich klar. Mit den Jahren ist es nicht wichtig, gar keine Tiefen mehr zu haben, sondern die Schwankungen und Ausschläge zwischen deinen Hochphasen und Tiefphasen zu minimieren. Und zu lernen, mit beiden Phasen gut umzugehen. Du wirst es nie schaffen, Tiefschläge zu vermeiden. Das geht gar nicht. Weil du nicht alles im Leben kontrollieren kannst. Du müsstest über alles Kontrolle auf der Welt haben, um Problemen oder schweren Zeiten zu entgehen. Und das geht nicht. Deshalb ist es unabdingbar, dass du lernst, mit diesen Schwankungen zu arbeiten. Man sagt ja: „Ein Flugzeug hebt gegen den Wind ab.“ Ich möchte das noch etwas weiter ausführen: Ein Flugzeug hat seinen eigenen internen Antrieb - also die Triebwerke. Diese treiben das Flugzeug nach vorn. Um jedoch seine Funktion zu erfüllen, nützt dem Flugzeug der Antrieb allein gar nichts. Denn es braucht äußere Einflüsse, die es selbst nicht kontrollieren kann. Es nutzt den Gegenwind für den Auftrieb. Und die Schwerkraft, um die Balance zu halten. Also etwas, welches das Flugzeug nach unten zieht (Schwerkraft) und etwas, welches das Flugzeug nach oben zieht (Auftrieb). Stelle dir nun vor, die Schwerkraft sind deine „Tiefen“ und der Auftrieb sind deine „Höhen“. Das heißt: Das, was noch fehlt, ist der Antrieb - und das ist deine Motivation und innere Energie. All das in Kombination ergibt einen schönen Flug im Leben. Du lernst mit der Zeit, diese drei Kräfte für dich zu nutzen und dadurch ein schöneres Leben zu führen..

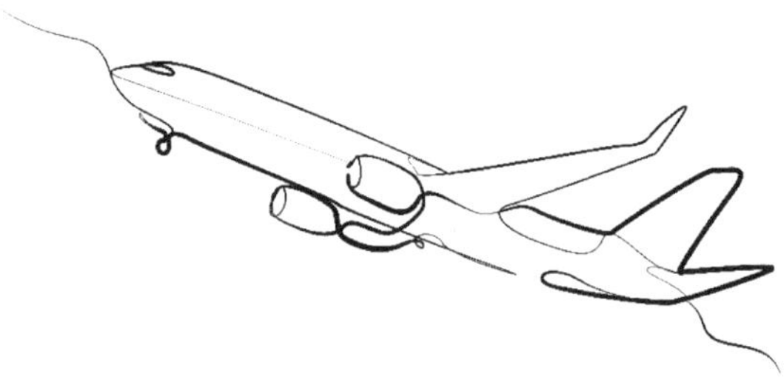

Wir alle haben zwar diese Höhen und Tiefen – egal, ob Superstars, Millionäre oder „Gurus". Trotzdem ist es mir wichtig, dir mitzugeben, dass die meisten Vergleiche mit anderen Menschen nichts bringen und sehr kontraproduktiv sind.

Es gibt mehrere Formen von „Vergleichen": Man spricht von Aufwärts- und Abwärtsvergleichen. Dann gibt es zwei weitere Vergleichsformen, die ich dir nennen möchte: Das positive und negative Vergleichen.

Beim Aufwärtsvergleichen schauen wir auf Menschen hoch, die an dem Standpunkt sind, an den wir vielleicht hinmöchten: Sie haben einen Sixpack, wir nicht. Sie können super kochen, wir nicht. Sie sind schon befördert worden, wir nicht.

Beim Abwärtsvergleichen schauen wir auf Menschen herab, denen wir schon voraus sind: Sie sind noch in der

Ausbildung. Wir arbeiten schon in Festanstellung. Sie üben immer noch, einen leckeren Kuchen zu backen. Wir können es schon. Sie suchen immer noch ein Fitnessstudio. Wir sind schon angemeldet.

Positive und negative Vergleiche unterscheiden sich darin, dass wir uns bei positiven Vergleichen gleichzeitig motivieren, auf dasselbe Level wie diese Person zu kommen oder diese gar zu überholen. Negative Vergleiche sorgen dafür, dass unsere Motivation noch weiter nachlässt und wir in dunklen Gedanken versinken.

Zwei eigens entwickelte Methoden bzw. Techniken, die mir geholfen haben, den Vergleich mit anderen zu vermeiden, möchte ich dir nun mitgeben. Erstere ist die „Aufwand-für-meinen-Arsch-Methode" und zweitere heißt die „Verarsch-dich-selbst-Technik". Ja, ich weiß. Das klingt verrückt, aber es wirkt!

AFMA-Methode: Bei dieser Methode geht es darum, dir selbst zu zeigen, dass das Ziel oder die Person, die du gerade als so toll und als erstrebenswert empfindest, doch nicht wirklich in deinen Interessen liegt. Ein Beispiel: Du siehst eine Influencerin im Bikini mit (für deinen Geschmack) toller Figur, tollem Hintern, tollen Brüsten und toller Taille. Ja, alles toll halt. Dein Wunsch kommt auf: Ich möchte auch so eine Figur haben. Sobald dieser Wunsch aufkommt und du dann in einem Seufzen deprimiert zusammensackst, darfst du dir jetzt folgenden Ablauf vorstellen: Dafür muss ich trainieren gehen - jeden Tag -, dann auf meine Ernährung achten, eventuell Geld sparen für Eingriffe, die dafür nötig sind, auch da muss ich dann mit Verzicht leben, kann weniger mit Freunden ausgehen, habe weniger Zeit für andere Hobbys und so weiter und so fort. Merkst du was? Du kennst das Ziel, aber der Aufwand ist für den Arsch. Und selbst für deinen eigenen Arsch ist der Aufwand zu gering. Damit möchte ich nicht sagen, dass dein Hintern bezogen auf das Fallbeispiel nicht gut aussieht. Ich kenne ihn ja nicht. Solange du zufrieden bist, ist alles cool. Ich möchte damit sagen, dass man trotz der wünschenswerten Figur in 9 von 10 Fällen lieber Wert auf andere Dinge im Leben legt. Und wenn man sich das bei solchen Vergleichen vor Augen hält, geht der Wunsch rapide baden und man ist dann doch ganz froh, so zu sein, wie man ist - weil man so mehr Zeit für Anderes hat.

VDS-Technik: Hier geht es darum, sich bei negativen Aufwärtsvergleichen durch Ironie und Sarkasmus selbst zu stoppen. Betrachten wir den Vergleich von vorhin mit einer Influencerin im Bikini. Du schaust sie dir an und beginnst wieder, dich mit ihr zu vergleichen. Wenn nun die Vergleiche mit bspw. dem Hintern der Dame aufkommen, wird dein Gedanke von: „Oh, wow! Wie gut ihr Po aussieht!“, zu: „Wie viele Eisbecher muss ich essen, um diesen Hintern aufzubauen?“ Oder der Vergleich zur „Wow“-Taille der Influencerin wird zu einem „Reicht mein letztes Geschenkband noch, um sie darin einzuwickeln?“ Alles, was du lustig findest. Alle komischen Gedanken, die du hast und alle verrückten Gedanken, die du nie mit der Welt teilen würdest, kannst du hier einfließen lassen. Je lächerlicher du darüber denkst, desto einfacher wird es dir fallen, zu merken, wie absurd es ist, diesen Vergleich zu ziehen. Und bei den nächsten aufkommenden Gedanken, bei denen du wieder Vergleiche herstellst, kannst du diese Technik immer wieder anwenden.

Es liegt in der Natur des Menschen, sich zu vergleichen. Wichtig ist nicht, zu versuchen, diese Vergleiche auszuschalten, sondern sie gezielt und dosiert auszuleben. Manchmal kann ein positiver Aufwärtsvergleich dich motivieren. Bspw. wenn dein Trainingspartner 100 kg Kniebeugen schafft und du dich mit ihm vergleichst. Und du dir denkst: „Das will ich auch können. Und das werde ich in fünf Wochen auch schaffen.“ Wenn dem so ist, lasse diesen gesunden Wettbewerb entstehen und in deinem Kopf Raum haben. Versuche jedoch negative Vergleiche mit den zwei vorherigen Methoden zu dosieren, wenn du merkst, es zieht dich runter.

Und merke dir: Du bist wunderbar, wie du bist und wie du wirst. Vergleiche sind nicht immer fair. Du bist mehr als ein Vergleich. Du bist Liebe, du bist Intelligenz, du bist

Empathie, du bist Hoffnung, du bist Mut und du bist Motivation. Wir brauchen keine ewigen Vergleiche. Sondern faire Gleichheit im Leben..

DU VERLIERST NIE, WENN DU GUT BIST

Warum du nur gewinnen kannst, wenn du diesem Weg folgst

Warum du nur gewinnen kannst, wenn du diesem Weg folgst

> *Du weißt innerlich, dass du stark bist.*

Dein Lächeln, deine Selbstreflexion und deine gesunde Neugier sind der Sieg deines Lebens. Lasse nicht zu, dass dir eins davon durch Menschen genommen wird. Dein Lächeln ist dir und Anderen eine Wohltat. Deine Selbstreflexion hilft dir und Anderen. Und deine gesunde Neugier bringt dich weiter - und auch die Menschen um dich herum. Du merkst, dass diese drei Eigenschaften nie alleinige Vorteile mit sich bringen, sondern kollektive Vorteile sind.

In diesem letzten Kapitel möchte ich mich von dir mit einer Begegnung verabschieden. Und du begegnest mir und verabschiedest dich.

Nimm dir hierfür etwas Zeit, finde dich abends bei einer Ruheinsel ein. Vielleicht auf deinem Bett Zuhause, auf dem Boden auf einer Yogamatte oder im Auto auf einem ruhigen Parkplatz. Deine Umgebung sollte abgedunkelt, ruhig, warm und angenehm sein. Kleide dich bequem, trage ruhig einen Duft auf, den du magst und du kannst auch eine Melodie laufen lassen, die angenehm und beruhigend auf dich wirkt. Wer Zuhause ist, kann auch einige Kerzen anmachen, um eine natürliche Atmosphäre zu schaffen.

Hier scannen!

Du darfst dich gemütlich hinsetzen, die Augen schließen und tief und ruhig atmen.

Fühle, wie dein Atem durch deine Lungen strömt und deinen gesamten Körper sanft bewegt.

Atme weiterhin ruhig und passe deine Atmung langsam deinem natürlichen Atmungsrhythmus an.

Konzentriere dich auf deinen Körper und spüre, wie er von Atemzug zu Atemzug schwerer wird.

Du atmest ein.

Du atmest aus.

Bei jedem Ausatmen werden deine Gliedmaßen schwerer.

Erst die Arme, dann die Beine.

Du entspannst dich bei jedem Ausatmen etwas mehr und gibst deinen Körper der Schwerkraft hin.

Aus deinem aufrechten Sitzen wird ein entspanntes, lockeres Sitzen.

Du atmest ein.

Du atmest aus.

Dein Wesen beruhigt sich immer mehr..

Du siehst vor deinem geistigen Auge nur eine schwarze Fläche, wie das Weltall.

Kleine Sterne funkeln mild.

Langsam hörst du ein sanftes Rauschen näher kommen. Es ist das Meeresrauschen.

Ein angenehm warmer Wind strömt um dein Ohr und deinen Körper.

Nun spürst du mit jedem Atemzug, wie Sand deine Füße kitzelt und berührt.

Du darfst die Füße bewegen und kreisen.

Spüre, wie deine Gedanken lebendig werden.

Fühle die Umgebung und nehme sie auf.

Nimm dir einen Moment, um diesen wunderbaren Moment zu spüren.

Fühle dich dankbar für diesen Moment und sprich ein leises und sanftes: „Danke..“

Inzwischen öffnest du dein geistiges Auge und deine körperlichen Augen bleiben weiterhin geschlossen.

Du siehst die Sonne am Horizont und siehst das Meer, das dich umgibt.

Du schaust hinunter und siehst den Sand, auf dem du sitzt und der deine Füße warm streichelt.

Du schaust dich entspannt und zufrieden um.

Du siehst große mächtige Palmen und wunderschöne, bunte Tiere, die du magst.

Eine Schildkröte kommt an dir vorbei und du beobachtest sie.

Indessen hörst du Schritte und beobachtest weiterhin die Schildkröte.

Ich setze mich liebevoll und mit sanften Bewegungen zu dir.

Wie ich aussehe, wie du dich mir vorstellst und wie sich meine Stimme anhört, oder ob du nur die Worte vor dir siehst, ist dir überlassen.

Du bist hier die Kraft in deiner inneren Welt..

Ich schaue dich an und spreche zu dir:

„Ich möchte dir vom Herzen danken, dass du mit mir auf dieser Reise warst. Du darfst hier und jetzt sehr stolz auf dich sein und diesen Augenblick tief in dir verinnerlichen. Ab heute bist du stärker, selbstbewusster und liebevoller als zuvor. Du wirst aufrichtig lieben, du wirst Grenzen ziehen und dich nicht mehr besiegen lassen. Du wirst dein inneres Kind besuchen und eine wundervolle liebevolle Beziehung zu ihm aufbauen. Du wirst bewusster atmen und über dich hinauswachsen. Heute bist du die beste Version deines Selbst. Und du wirst besser. Solange du deinen eigenen Weg gehst - ohne Vergleiche mit Anderen. Ich glaube an dich. Ich bin stolz auf dich. Ich liebe dich. Passe auf dich auf. Bis zum nächsten Mal..“

Ich lächle dich an, stehe auf und verabschiede mich von dir.

Mit einem herzlichen, ruhigen Winken laufe ich gemütlich weiter.

Du spürst Liebe, Freude, Hoffnung und Wärme in dir.

Horche in dich hinein.

Was fühlst du noch?

Lasse die letzten Minuten auf dich wirken.

Genieße diesen Moment.

Atme weiterhin ruhig und bewusst.

Die Schildkröte hat ihr Ziel erreicht und taucht langsam in den wundervollen großen Ozean ein.

Schließe langsam dein geistiges Auge.

Nimm ein letztes Mal für heute die Meeresbrise, das Rauschen der Wellen und den warmen Sand unter dir wahr.

Spüre, wie mit jedem Einatmen deine Beine wieder leichter werden.

Und spüre, wie deine Arme bei jedem Einatmen leichter werden.

Die angenehme Wärme in dir bleibt und fühlt sich schön an.

Du kommst langsam wieder im Hier und Jetzt an.

Deine Atmung bleibt ruhig und entspannt.

Lockere deinen Körper, kreise die Schultern langsam und ruhig.

Strecke dich aus und gähne, wenn du so möchtest.

Nun öffne langsam deine körperlichen Augen.

Und nehme alles um dich herum wahr.

Willkommen zurück.

Du darfst gerne noch lächeln und sagen:

„Ich bin stolz auf mich. Ich bin stark. Ich bin angekommen.“

Das war unsere letzte gemeinsame Gedankenreise in diesem Buch. Ich danke dir, dass du dabei warst. Und dass du jeden Schritt von Seite zu Seite mit mir gegangen bist. Du wirst nie verlieren, wenn du Prinzipien, Techniken, Methoden und Tipps einhältst, die in diesem Buch vorhanden sind. Du weißt innerlich, dass du stark bist. Und ich hoffe, dir mit diesem Buch auch klargemacht zu haben, wie schön es ist, ein Mensch wie du und ich - auf gutem Wege - zu sein.

fühle dich umarmt!

-Dein Kianimus

Danksagung

Dies ist die zweite Danksagung, die ich in meinem Leben schreibe. Ich wurde gefragt, ob mir das „Danke“ nicht irgendwann ausgeht, weil mein Kreis eigentlich klein ist. Jedoch fällt mir wieder so einiges ein.. Lass uns loslegen.

Der größte Dank geht an meine Mutter, die mich die letzten Jahre gelehrt, motiviert, unterstützt und aufgebaut hat. Sie hat viel aufgeopfert, damit ich heute der Mensch und Mann sein kann, der ich bin. Deshalb beginnt das Buch auch mit der demütigen Dankbarkeit für „Ihre“ Aufopferungen. Ich stehe ewig in tiefster Schuld.

Vielen Dank, Mudjtaba. Du hast mir schon wieder durch die ganze Phase dieses Buchs in den Arsch getreten. Und nicht nur das: Du hast dich mittlerweile aktiv um das ganze Drumherum gekümmert, was ich während meiner Fokus-Phase auf das Buch sonst echt vernachlässigt hätte. Außerdem bist du jetzt aktiv ein Teil des Teams. Das ist heavy! Herzlich willkommen, mein Bruder.

Ich bedanke mich bei Ferhat und seinem Team bei Lektorat Mac. Ihr seid erneut an meiner Seite und einfach die beste Wahl, die ich für das Korrekturlesen treffen konnte.

Ihr habt mich diesmal mit viel Geduld durch die Entstehung des Buchs begleitet. Es war ein Hin und Her, bis das ganze Buch fertig war. Danke für die Geduld und Professionalität!

Danke an Beny - der jetzt gerade ungefähr 8.955 km von mir entfernt sitzt - einfach dafür, dass es dich gibt.

Einen großen Dank an den Menschen, der wieder neben mir sitzt und mir privat den Rücken freihält, damit ich ein so unfassbar großes Werk entwerfen kann - während du dich um die kleinen und doch so unglaublich wichtigen Probleme sowie Herausforderungen des Alltags kümmerst!

Danke an all jene, die an mich glauben und geglaubt haben. Und an jene, die es nicht getan haben. Beide haben ihren eigenen Teil zu meiner Motivation beigetragen.

Ich möchte mich bei meinen zwei Nichten und meinem Neffen bedanken, von denen zwei dieses Buch noch gar nicht lesen können, die mir jedoch innerlich immer wieder - allein durch ihr Dasein - die Motivation geben, etwas Großes zu schaffen. Damit ihr auf euren Onkel stolz sein könnt.

Ich möchte mich auch bei meinem eigenen Herzen und meiner Seele bedanken, die mit wenig Aussicht so viel gesehen und erlebt haben, aber immer dem großen Traum gefolgt sind, das Leben unzähliger Menschen positiv zu verändern. Danke, dass du an dich selbst geglaubt hast!

Mein letzter Dank geht an dich. Du, die Person, die dieses Buch liest - bist wunderbar. Weil du hier bist. Weil du bis zum Ende gelesen hast. Und weil du dich entschieden hast, etwas in deinem Leben zu verbessern. Und somit hast du nicht nur in deinem Leben etwas verändert, sondern auch im Leben jener, denen du begegnen wirst. Denn du wirst ihnen als ein neuer, positiverer und seelisch noch schönerer Mensch begegnen. Danke für diese unfassbar großartige Reise! Wir sehen uns im nächsten Buch!

PS: Sollte dir hier etwas auffallen, dich stören oder gar nerven. Oder du möchtest mir einfach nur etwas mitteilen, kannst du das gerne tun. Ich habe eine E-Mail-Adresse für dich eingerichtet, über die du dich jederzeit an mich wenden kannst. Ich schaue regelmäßig persönlich ins Postfach und werde allen antworten.

Ich freue mich auf dich!

E-Mail-Adresse: feedback@kianimus.de

Kianimus, geboren in Kassel, kam als vierter Sohn einer geflüchteten Familie zur Welt. Stets mit einem Lächeln ausgestattet, wuchs er nahe Frankfurt am Main in Dietzenbach, in einem sozialen Brennpunkt auf. Bereits im Alter von 13 Jahren entdeckte er seine Gabe, zu schreiben und die Emotionen der Menschen zu wecken. Er hörte sehr gerne zu und lernte viel von Älteren. Er selbst sagt dazu: „Ich bin mir sicher, dass man durch aufmerksames Zuhören lernen kann, wie man etwas für sich besser macht und Fehler vermeidet, die andere schon gemacht haben."

Die ersten publizierten Texte von ihm stammen aus dem Jahr 2012. Andere Autoren, die seinen Weg seit Langem beobachten, bestätigen: „Irgendwo hast du seine Texte schon mal gelesen. Du kommst um ihn nicht herum, wenn es um deutsche Zitate geht."

Heute lebt Kianimus in Gießen und ist nun seit über 10 Jahren Motivation-Artist, Lyriker & Autor. Durch sein Debüt-Buch im Jahr 2021 „Gute Gedanken: Eine Reise zum Nachdenken" erreichte er tausende Leser/innen und bekam viele Nachrichten von Menschen, die ihr Leben nach dem Lesen zum Besseren verändert hatten.

Mit seinen Texten & Videos über Persönlichkeitsentwicklung, Liebe, Frauen & Männer sowie Beziehungen, Selbstliebe und Selbstfindung konnte er Millionen von Menschen inspirieren, ihnen in unterschiedlichen Lebenslagen helfen und sie beraten.

Kianimus ist in den sozialen Medien aktiv vertreten und betreibt seit September 2022 einen eigenen Podcast, der den Namen „Revué – Eine Reise in die Tiefe“ trägt.